Dieter Wolf

Selbst Gärten mit Wasser, Holz und Licht gestalten

Compact Verlag

Redaktion: Claudia Schäfer
Satz: edition VASCO
Produktionsleitung: Martina Baur
Umschlaggestaltung: Ingeborg Cisse
Umschlagfotos: avw werbeagentur/Eheim (gr. Abb.),
Garpa, Escheburg (kl. Abb.)
Druck: Color-Offset GmbH, München
ISBN 3-8174-2262-8
2222627

Besuchen Sie uns im Internet:
www.compactverlag.de

Ein Wort zuvor

Selbermachen – ein Hobby, das heute für Millionen zur sinnvollen Freizeitbeschäftigung geworden ist. Ob es sich nun um die gemietete Altbauwohnung oder um die eigenen vier Wände handelt, mit etwas Geschick und einer fachmännischen Anleitung lassen sich oft verblüffende Ergebnisse erzielen: bei kleineren Reparaturen, beim Renovieren und Verschönern und beim Um- und Ausbauen.

Und Selbermachen bringt Spaß. Freude an der eigenen Arbeit, deren Ergebnis man Tag für Tag sehen und »bewundern« kann; es spart Geld, mit dem sich langgehegte Wünsche erfüllen lassen, und es macht unabhängig von Handwerkern, auf die man womöglich wochenlang und schließlich vergeblich gewartet hat.

Fachgeschäfte, Heimwerker- und Baumärkte versorgen den Hobby-Handwerker mit allen Werkzeugen und Materialien, die er braucht. Doch richtiges Werkzeug und Begeisterung allein reichen nicht aus. Unerläßlich sind eine gründliche Vorbereitung und Fachkenntnisse, wie eine Arbeit durchzuführen und was dabei zu beachten ist.

COMPACT PRAXIS **Selbst Gärten mit Wasser, Holz und Licht gestalten** zeigt, wie man's macht. Mit wertvollen Tips und Tricks, die sich in der Praxis tausendfach bewährt haben. Jeder Arbeitsgang wird ausführlich Schritt für Schritt gezeigt und in Bild und Text erläutert. Übersichtliche Symbole zeigen auf einen Blick, mit welchem Schwierigkeitsgrad, welchem Kraft- und Zeitaufwand Sie bei jedem Arbeitsgang rechnen müssen, welche Werkzeuge Sie brauchen und wieviel Geld Sie durch Ihre eigene Arbeit einsparen können.

Werkzeug	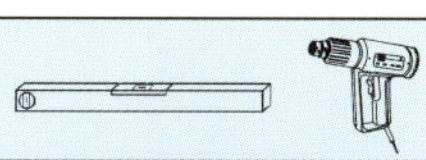
Schwierigkeitsgrad	 0 1 2 3
Kraftaufwand	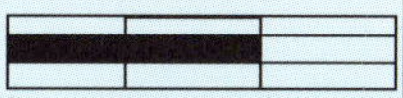 0 1 2 3
Zeitbedarf (z. B. 4 Std./m²)	
Ersparnis (z. B. 25 Mark/m²)	

Und so stufen Sie sich richtig ein:

Schwierigkeitsgrad 1 – Arbeiten, die auch der Ungeübte ausführen kann. Es ist nur geringes handwerkliches Geschick erforderlich.

Schwierigkeitsgrad 2 – Arbeiten, die einige Übung im Umgang mit Werkzeug und Material erfordern. Es ist handwerklich durchschnittliches Geschick notwendig.

Schwierigkeitsgrad 3 – Arbeiten, die fachmännische Übung erfordern. Überdurchschnittliches Geschick ist erforderlich.

Kraftaufwand 1 – Leichte Arbeit, die jeder bequem erledigen kann.

Kraftaufwand 2 – Arbeiten, die eine gewisse körperliche Kraft voraussetzen.

Kraftaufwand 3 – Arbeiten für kräftige Heimwerker, die keine »Knochenarbeit« scheuen.

Auf einen Blick

Fachkunde

Materialkunde

Ohne planen ist schlecht garteln

Das Geheimnis eines schönen Gartens ist die Lust des Gärtners, sagt ein Sprichwort. Und Gärtner sein heißt heutzutage nicht mehr „nur" pflanzen, mähen, jäten. Der Garten wird selbst gestaltet, wird quasi zur Visitenkarte seines Besitzers. Natürliche Materialien wie **Holz** und **Wasser**, kombiniert mit **Pflanzen** und mit ein wenig Technik ins rechte **Licht** gerückt, verleihen Ihrem Garten den richtigen Touch. Wobei beim Licht neben dem romantischen Aspekt auch die Sicherheit eine Rolle spielt.

In Bau- und Gartenfachmärkten gibt es eine ganze Reihe ausgezeichneter **Endprodukte**, eine umfassende Palette an Beschlägen, viele **Bausätze**, die wirklich kaum Kenntnisse - dafür aber Geschick - erfordern und viele **Halbfertigprodukte**, die Sie selbst oft nicht so einfach und vor allem günstig herstellen können.

Richtige Planung kann viel Ärger ersparen

Wenn Sie einen alten Garten haben, der vielleicht schon etwas in die Jahre gekommen ist, der etwas behäbig, oft sogar langweilig wirkt, dann ist Runderneuerung angesagt. Ziehen Sie dagegen in ein neugebautes Häuschen, dann haben Sie die Chance, Ihren Garten von Grund auf neu zu gestalten. Einige Dinge sollten von Anfang an mit eingeplant werden. Wollen Sie einen Bach durch Ihren Garten fließen lassen, müssen Sie rechtzeitig auf das notwendige Gefälle achten. Und wenn Sie Ihr „grünes Wohnzimmer" vor der Terrassentür ins rechte Licht rücken möchten, sollten Sie den Verlauf der Erdkabel schon vor der Bepflanzung festlegen. Eine Skizze über die Lage der Leitungen erleichtert später bei Schäden die Suche.

Was Sie auch in Ihrem Garten zu tun beabsichtigen, die **Bauvorschriften** müssen beachtet werden. **Denn: Innerhalb der Grundstücksgrenzen dürfen Sie noch lange nicht alles machen, was Sie gerne möchten.** Der Gesetzgeber hat da manchmal auch ein Wörtchen mitzureden.

Wenn Sie also in einer Reihenhausanlage wohnen, können Sie nicht einfach Ihren Gartenzaun völlig anders gestalten, als es in der Siedlung üblich ist - und auch genehmigt wurde. Auch Garten- und Gerätehäuser sowie größere Lauben können genehmigungspflichtig sein - von Ort zu Ort gibt es oft starke Unterschiede.

Bei speziellen Fragen werden Sie um die Beratung durch einen ortskundigen Architekten kaum herumkommen. Der erste Schritt aber sollte immer ein Anruf bei der örtlichen Baubehörde oder der Lokalbaukommission sein. Auch diese Punkte sollten Sie bei der Gartenplanung bedenken.

Immerhin sieht der Gesetzgeber eine Reihe von **genehmigungsfreien Bebauungen** vor. Darunter fallen auch Gartenhäuser bis zu einem Rauminhalt von 30 m³. Das sind in der Regel Häuser mit einer Grundfläche von 12 m² (Bodenfläche 3 x 4 m), wenn die Raumhöhe etwa 2,50 m beträgt.

Gerade wenn Sie Wasserspiele planen, sollten Sie sich bei Ihrer zuständigen Gemeindeverwaltung informieren. Es ist generell erlaubt, einen Teich oder Bach sozusagen aus der Wasserleitung zu füllen, d.h. das Wasser der „gemeindlichen Hauswasserzuleitung zu entnehmen". Eine behördliche Erlaub-

PROFITIP

Die öffentlichen Bauämter sind verpflichtet, dem Bauherren in spe alle erforderlichen Auskünfte über das geplante Vorhaben zu erteilen.
Selbstverständlich kostenlos.

Ins rechte Licht gerückt: Romantischer Gartenteich mit Unterwasserleuchten und schwimmenden Leuchtkugeln

nis aber brauchen Sie auf jeden Fall, wenn Sie Wasser aus einer eigenen Quelle oder einem nahegelegenen Gewässer entnehmen möchten. Das gilt auch dann, wenn Sie das Grundwasser anzapfen möchten.

Bedenken Sie auch, daß Sie als Grundstückseigentümer oder Mieter, der den Teich oder Bach angelegt hat, grundsätzlich für Schäden haften, die durch Ihre Anlage verursacht werden. Sei es durch eine schadhafte Wasserleitung, durch unsachgemäßes Ablassen des Wassers etc. Muß Ihr Nachbar „Land unter“ melden, so müssen Sie den Schaden ersetzen.

Haftung übernehmen müssen Sie auch für Unfälle an Ihrem Teich oder Bach im eigenen Garten. Der Gesetzgeber verlangt „wirksame und auf Dauer angelegte Maßnahmen“, vor allem zum Schutz von Kindern. Das wird zwar nicht überprüft, doch im Schadensfall wirkt sich Fahrlässigkeit strafverschärfend aus. Es gab gerade in diesem Bereich schon viele tragische Unfälle. Kinder können selbst bei geringster Wassertiefe ertrinken oder bei längerem Atemstillstand schwerste gesundheitliche Schäden davontragen. Kleinere Kinder sollten, auch bei noch so guter Absicherung, auf keinen Fall unbeaufsichtigt an Teich oder Bach spielen. Denken Sie bitte schon bei der Planung Ihrer Gartengestaltung mit Teich oder Bach daran, ob Sie häufig Kinder zu Gast haben, wieviel eigene Sie haben, wie alt sie sind - und auch, ob Sie selbst nochmals Nachwuchs planen!

In Ihre Haftpflichtversicherung sollten Sie auf alle Fälle dieses Risiko miteinbeziehen.

Ähnliches gilt auch für den Umgang mit **elektrischem Strom.** Besonders in Verbindung mit Wasser kann Strom lebensgefährlich sein. Alle elektrischen Arbeiten sollten Sie zumindest von einem Fachmann überprüfen lassen.

Bei Unfällen mit Strom haftet derjenige, der die Elektroinstallation ausgeführt hat, oder der, in dessen Obhut die Gefahrenquelle liegt.

Nach so vielen theoretischen Überlegungen können Sie dann richtig ans Werk gehen, die Details planen, den Arbeitsablauf festlegen, Leih-Maschinen bestellen, Holzbauteile, Teichschalen, Folien, Pumpen, Düsen, Leuchten und natürlich die Pflanzen ordern, die vielleicht im Garten-Center nicht vorrätig sind. Damit auch alles rechtzeitig zum Baubeginn da ist.

PROFITIP

- Messen Sie zuerst Ihren ganzen Besitz aus. Falls Sie eine Architektenzeichnung im Maßstab 1 : 100 haben, sparen Sie sich den Gang mit dem Meterstab ums Haus.

- Legen Sie einfach eine Kopie des Haus-Grundrisses auf einen maßstabsgetreuen Plan Ihres Grundstückes.

- Bei größeren Höhenunterschieden sollten Sie lieber einen Vermessungsfachmann zu Rate ziehen.

- Ist Ihr Garten schon fertig angelegt, sollten Sie alles Vorhandene, also Mauern, Bäume, Sträucher, Beete, Zäune etc. genau und im Maßstab erfassen und einzeichnen.

- Denken Sie an Himmelsrichtungen und Sonnenstand.

- Und dann müssen Sie aus Ihrem Garten alles entfernen, was Ihre Planungen stört. Denken Sie aber lieber zweimal nach, bevor Sie zum Radikalschlag ansetzen.

Beispiel für die gelungene Planung eines Gartenteiches mit Findlingen und Holzterrasse

Bach oder Teich: Eine zeitlose Investition

Wasser im Garten, ob Teich oder Bach, ist ein kleines Stück **ursprünglicher Natur.** Und das in unserer unmittelbaren Umgebung. Denn im Gegensatz zum Naturteich dient die Gartenversion meist der eigenen Erholung.

Bevor Sie jedoch mit der **Planung** Ihrer Teich- und/oder Bachanlage beginnen, sollten Sie erst einmal gründlich Ihre Vorstellungen entwickeln, natürlich im Rahmen der Möglichkeiten, die Ihnen Ihr Garten läßt. Spätere Umgestaltungen oder Erweiterungen lassen sich oft nur schwer in eine Grundkonzeption einpassen. Anregungen dafür finden Sie im Fachhandel (s. Herstellernachweis, S. 96) oder in der speziellen Gartenteich-Fachliteratur.

Die **Auswahl des Standortes** sollte sich mehr an den Gegebenheiten und den Bedürfnissen des Teiches orientieren - und weniger an Ihren Wunschvorstellungen. Beziehen Sie Himmelsrichtungen, die vorhandene Vegetation, die Lage und Art Ihrer Terrasse oder Ihres Freisitzes sowie die Geometrie und die Beschaffenheit Ihres Grund-

Ein Stück Natur, selbst kreativ gestaltet

stückes unbedingt in die Planung mit ein. Am wohlsten fühlt sich ein Gartenteich, wenn er wenigstens einige Stunden Sonne am Tag bekommt. Wieviel er dann tatsächlich davon braucht, entscheiden letztendlich die **Flora** und **Fauna.** Sonne und Schatten sind wichtig für die Entwicklung von Tier- und Pflanzenwelt.

Seerosenteiche und **Naturteiche** mit einer großen Pflanzenvielfalt verlangen nach einem sonnigen Plätzchen. **Naturteiche, Feuchtbiotope** und **Fischteiche** entwickeln sich am besten bei einer Sonneneinstrahlung von unter 5 Stunden täglich.

Vielleicht können Sie es ja so einrichten, daß Ihr Gartenteich sowohl sonnige als auch schattige Zeiten sieht. Denkbar wären etwa zwei miteinander verbundene Teiche: ein langgestrecktes Becken, das um eine Hausecke geführt wird, oder eine Teichanlage, die teilweise von Bäumen beschattet wird.

Aber Vorsicht: Die direkte Nähe von Bäumen sollten Sie vermeiden, weil deren Laub das Wasser verunreinigt und der Wurzelwuchs auf Dauer die Teichfolie oder die Teichschale beschädigen kann.

Wenn Sie Ihren Gartenteich jedoch zwischen Blumen, Rasen und Sträuchern anlegen, ist solch ein vielfältig bepflanztes **Biotop** ein idealer **Lebensraum** für viele **Kleintiere, Vogel-** und **Pflanzenarten.**

Ein Paradies für die ganze Familie

Immer im Blick

Ein Gartenteich ist etwas zum Betrachten. Sie sollten daher möglichst einen Platz wählen, an der Terrasse oder einem Freisitz, von dem aus Sie Leben und Treiben rund um den Teich gut beobachten können.

Wenn Sie in diesen Bereichen keinen geeigneten Platz für einen Teich finden, dann können Sie sich mit einem Beobachtungssteg oder einer Brücke behelfen.

Der Boden gibt die Richtung an

Nicht alle Grundstücke sind eben, nicht alle sind von praktischem Format. Kein Problem, wenn Sie die natürlichen Gegebenheiten richtig zu nutzen verstehen.

Das Gefälle in einem bewegten Gelände ist ideal, um einen **Bachlauf** einzubauen. Bei flachem Gelände können Sie den Teichaushub dazu verwenden, einen Hügel aufzuschütten.

Langgezogene oder verwinkelte Grundstücke eignen sich für interessante Wegführungen mit **Brücken** oder **Stegen** über schmalen Teichen oder Bachläufen.

Eines sollten Sie bei jeder Planung immer im Hinterkopf behalten:
Die Natur ist das Vorbild!

Der Teich: Je größer desto besser

Sparen können Sie überall, wenn Sie Ihren Gartenteich anlegen. Nur bei einem nicht, wenn es geht: bei der Größe. Denn hier gilt generell „je größer - desto besser."

Warum? Darauf gibt es die unterschiedlichsten Antworten:

- In einem größeren Teich stellt sich das biologische Gleichgewicht schneller und besser ein.
- Die Instandhaltung und Pflege ist wesentlich leichter.
- Die Anlage ist für Kinder und Tiere weniger gefährlich.

In der Regel werden Gartenteiche eher zu klein geplant. Ein biologisch funktionierender Teich benötigt aber eine Wasserfläche von mindestens 8 - 10 Quadratmetern. Ungeachtet anderer Kriterien sollte jeder Teich auch **frostfreie Tiefen** haben, zum Beispiel 70 cm in warmen Tallagen und 120 cm in ungeschützten Höhenlagen (Faustregel 80 cm).

Ein **biologisches Gleichgewicht** kann sich erst ab einer Wassermenge von mindestens 5 Kubikmetern einstellen. Die Temperaturschwankungen halten sich in Grenzen.

Flach abfallende Ufer bieten **Tieren** wie dem Igel oder den Spitzmäusen Sicherheit. Und die Vielfalt der **Wasser-** und **Sumpfpflanzen** erfordern ebenfalls unterschiedliche Wassertiefen.

Schwimmblattpflanzen wie die Seerose lieben es tiefgründig, im Flachwasserbereich fühlen sich die anderen Schwimmblatt- und **Unterwasserpflanzen** zuhause, die verschiedenen Arten der Sumpfpflanzen richten sich am liebsten in den Randzonen ein.

ÖKOTIP

Moskitos? Nein danke! Wenn Ihr Gartenteich über ein gut funktionierendes biologisches Gleichgewicht verfügt, brauchen Sie keine Angst vor Mücken oder Schnaken zu haben. Die Larven dieser Insekten dienen Libellenlarven, Fischen und anderen Wasserinsekten als willkommenes Futter.

Der Teich als Lehrstück der Natur. Aber: Kinder nie ohne Aufsicht spielen lassen!

Sicherheit für Kinder

Das Element Wasser fasziniert die Menschen schon immer, egal, ob sie groß oder klein sind. Während Wasser für den Erwachsenen mit einer gewissen Symbolik verbunden ist, wie Wasser als Lebenskraft, als Lebensspeicher, als Quell des inneren Ausgleichs, übt es auf

Kinder oft die magische (und gefährliche) Anziehungskraft aus, mit Wasser in Berührung kommen zu wollen. Diese Faszination müssen Sie bei der Frage, ob Sie einen Gartenteich oder einen Bachlauf anlegen möchten, unbedingt berücksichtigen. Lassen Sie Ihre Kinder unter Aufsicht ruhig Kontakt mit dem kühlen Naß aufnehmen. Sorgen Sie aber schon bei der Planung für ein flach abfallendes Ufer. Schon nach kurzer Zeit wird der Teich für den Nachwuchs zur vertrauten und zur natürlichen Umgebung. **Aber: Wenn Sie nicht immer dabeisein können, sollten Sie den Teich umzäunen.**

Ideal bepflanzt und ausreichend groß - beste Voraussetzung für ein biologisches Gleichgewicht

Manche lieben's feucht...

Die Seerose, Königin der Wasserpflanzen, gibt es in unzähligen Arten

Gauklerblume. Sie fühlt sich erst so richtig wohl, wenn sie nasse Füße hat, am Teichrand oder im Sumpfbeet. Dann aber blüht sie fast einen ganzen Sommer lang (Juni bis September). Da sie nicht sehr winterfest ist, braucht die Gauklerblume im Herbst ein Dach über dem Kopf, aus Stroh oder mit Tannenzweigen. Besser, Sie nehmen sie aus der Erde und überwintern sie im Topf in einem hellen frostfreien Raum.

Rohrkolben. Ist sozusagen international, denn der Rohrkolben wächst auf dem ganzen Erdball. Charakteristisch sind seine dicken, braunen Blütenkolben. Die Pflanze gedeiht im Sumpf und am Teichrand, ist pflegeleicht, da winterhart. Für den kleinen Teich sollten Sie niedrige Arten wählen, die nur etwa 50 cm hoch werden. Die hohen Arten wachsen weit über mannshoch bis zu 250 cm.

Seerose. Weiß, gelb, rosa oder rot blüht die Seerose, die in unzähligen Arten und Sorten auf dem Markt ist. Die Blüten und die riesigen Blätter sitzen an langen Stielen und schwimmen auf der Wasseroberfläche. Seerosen lieben einen sonnigen und warmen Standort. Je wärmer und sonniger, desto reicher die Blüte. Und die dauert von Mai bis September.

Sumpflilie. Ein Muß für jeden Gartenteich. Sie blüht von Juni bis August, wird 60 bis 120 cm hoch, liebt einen sonnigen bis halbschattigen Standort, leicht sauren Boden und mag gar keinen Kies. Es gibt eine ganze Reihe verschiedener Arten, z.B. die einheimische Wasserschwertlilie, die Sibirische Schwertlilie und die (in der Pflege etwas problematische) Japanische Schwertlilie. Die steht während der Blüte am liebsten im Wasser, bevorzugt aber im Herbst und Winter nur leicht feuchten Boden.

Sumpfdotterblume. Blüht von März bis Mai mit vollen dottergelben Blüten. Kommt auch gut mit einem weniger sonnigen Standort zurecht - und setzt im Herbst oft ein zweites Mal Blütenknospen an.

Farne. Sie mögen zwar keine nassen Füße, aber in ihrer Nähe Wasser, das sich bewegt. Denn das bringt genau die Luftfeuchtigkeit, die Farne brauchen. Ideal für schattige und halbschattige Bachränder. Unter den Farnen gibt es viele winterharte Sorten, man-

Gauklerblume

Sumpfdotterblume

Dekorativ: Farn am Bachlauf

che müssen aber vor starken Frösten oder auch starker Wintersonne geschützt werden. Der **Sumpf-** bzw. **Wasserfarn** macht eine Ausnahme: Er steht ganz gerne mit den Füßen im Wasser.

ÖKOTIP
Viele der Pflanzen, die an Teichen, Bächen oder Sumpfzonen gedeihen, wachsen auch in der freien Natur. Eine ganze Reihe davon steht unter Naturschutz. Kaufen Sie bitte Ihre Pflanzen nur in Gärtnereien, Garten-Centern oder Blumenschulen!

Tannenwedel. Wenn er in Gruppen gepflanzt wird, sieht das aus wie ein winziger Tannenwald. Und er gefällt sich selbst wohl so gut, daß er sich immer weiter ausdehnt. Wenn Sie das vermeiden wollen, sollten Sie den Tannenwedel in Gefässe pflanzen. In einem tieferen Teich übernehmen Tannenwedel auch noch eine biologische Funktion: Sie spenden Sauerstoff und tragen dazu bei, den Teich algenfrei zu halten. Nur Frost mögen Sie überhaupt nicht.

Wassermohn. Eine Schwimmpflanze mit goldgelben Blütenschalen. Das exotische Gewächs liebt es nicht nur naß, sondern auch heiß. Erst wenn die Tagestemperaturen um die 20 Grad betragen, darf der Wassermohn ins Freie. Dann blüht er ganz ungestüm. Die Blüten (Durchmesser 5 cm) halten zwar nicht sehr lange, dafür bildet der Wassermohn aber ständig neue Knospen. Im Herbst geht es ab ins Haus zum Überwintern (hell aber kühl). Manche Hobbygärtner betrachten den Wassermohn als einjährige Pflanze und kaufen jedes Frühjahr neue Pflanzen.

Hechtkraut. Hübsche blaue Blütenähren machen das Hechtkraut zwischen Juni und Oktober besonders attraktiv. Doch auch sonst ist es mit seinen langgestielten, herzförmigen Blättern eine dekorative Wasserpflanze. Im strengen Winter allerdings gehört die Pflanze in den kühlen Keller.

Seekanne. Sehr besitzergreifende Pflanze mit seerosenähnlichen Blättern. Sie breitet sich mit ihren kriechenden Wurzeln manchmal so stark aus, daß sie kleinere Teiche mühelos überwächst - vor allem dann, wenn sie an ihrem Lieblingsplatz steht. Am wohlsten fühlt sie sich, wenn es sonnig und warm ist. Blütezeit Juli bis September.

Tannenwedel

Hechtkraut

Nur was für Könner

Ohne Strom geht fast nichts. Keine Pumpe, kein Brunnen, kein Licht. Es sei denn, Sie entscheiden sich für Solarenergie (s. S. 19). Wenn Sie also Ihre Leitungen selbst verlegen möchten, sollten Sie genaue Kenntnisse von den Zusammenhängen haben - und vor allem die **Vorschriften** kennen.

Problemlos selbst verlegen können Sie z.B. die **Leer-Rohre** für die Kabel, am besten aus PVC mit 2,5 cm Durchmesser. Diese Rohre gibt es im Baufachmarkt meist in 2 m langen Stangen, die mit der Säge beliebig kürzbar sind. Sie werden dann einfach zusammengesteckt. Diese Rohre werden etwa spatentief im Boden verlegt, mit dem Gefälle vom Haus weg, damit keine Feuchtigkeit ins Haus laufen kann. Oder Sie verlegen ein spezielles **Erdkabel.** Da sollten Sie sich aber den genauen Verlauf in einen Plan einzeichnen, damit die Leitung nicht irgendwann einmal beim Umgraben beschädigt wird.

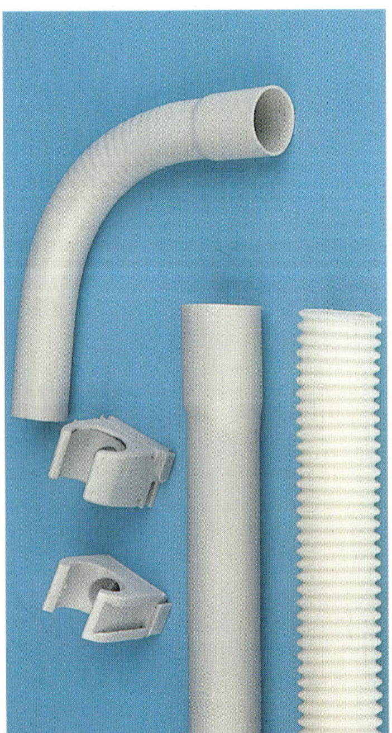
PVC-Rohre schützen Stromkabel

Sicherheit geht vor

Auch wenn Sie geübt im Umgang mit Elektroinstallationen sind, müssen Sie auf alle Fälle folgende **Sicherheitsregeln** beachten:

1. Vor Arbeiten an Elektrogeräten unbedingt zuerst den Netzstecker ziehen.
2. Bevor Sie an einen Stromkreis neue Leitungen bzw. Verbraucher anschließen, immer zuerst die Sicherung rausschrauben bzw. bei Automaten ausschalten.
3. Hängen Sie an den Sicherungskasten ein Warnschild, damit nicht irgend jemand die Sicherung wieder aktiviert, während Sie am Stromkreis arbeiten. Lose Sicherungen am besten einstecken.
4. Überprüfen Sie zur Sicherheit, ob die Anlage wirklich spannungsfrei ist, z.B. mit einem Phasenprüfer oder einem Spannungsprüfer.
5. Achten Sie darauf, daß das Material unbeschädigt ist. Keine Kabelbrüche, keine Schnitte in der Isolierung.

SICHERHEITSTIP

Nur Installationsmaterial und Geräte verwenden, die das VDE-Prüfzeichen tragen.
Damit ist gewährleistet, daß das Material den DIN-Vorschriften und den Bestimmungen des VDE (=Verband Deutscher Elektriker) entspricht.
Das GS-Zeichen ist Garant für „Geprüfte Sicherheit".

6. Der Hausanschluß, verplombte Zähler und die Hauptsicherungen sind auch für versierte Hobby-Elektriker tabu!
7. Lassen Sie Ihre Installation, besonders wenn Sie im Freien liegt und mit Feuchtigkeit und Wasser in Verbindung kommt, von einem Fachmann überprüfen, bevor Sie sie in Betrieb nehmen.
8. Machen Sie auf keinen Fall Dinge, für die Ihre Fachkenntnisse auf dem Gebiet der Elektroinstallation nicht ausreichen!

Energie ganz kostenlos

Strom und Geld sparen Sie, wenn Sie sich für solarbetriebene Geräte entscheiden. Sie müssen keine aufwendigen Stromleitungen im Boden verlegen, um Lampen, Pumpen etc. betreiben zu können. Im Handel gibt es zwischenzeitlich solarbetriebene Geräte mit einem hohen Leistungsgrad. Allerdings brauchen Sie einen Ort mit günstiger Sonneneinstrahlung.

Die **Solarpaneele,** die den Strom für die Anlagen erzeugen, sind meist auf einen Aufsteller montiert. Sie lassen sich so sowohl horizontal als auch vertikal auf den Stand der Sonne ausrichten.

Wenn Sie mehrere Pumpen oder Lampen betreiben möchten, benötigen Sie entweder mehrere Solarpaneele oder ein größeres **Modul,** einen **Akku** und einen **Laderegler.** Damit wird die Sonnenenergie gespeichert - und Ihre Anlage läuft auch in der Nacht bzw. bei trübem Wetter. Die Literleistung von Solarpumpen liegt bei rund 600 Liter pro Stunde. Ein durchaus akzeptabler Wert.

Es gibt Pumpanlagen, die genug Energie produzieren, um auch andere elektrische Geräte zu betreiben, z.B. Filter für Bach oder Teich und natürlich die Lampen für die nächtliche Gartenbeleuchtung.

Alles in einem: oben Solarzellen, unten Lampe

Natur zu Natur

1

2

Holz ist ein natürlicher und sehr widerstandsfähiger Baustoff, der in seiner Erscheinung bestens mit Pflanzen und Wasser harmoniert.

1 Ganz ideal ist Holz, um Gelände zu gestalten. Mit dicht aneinandergesetzten Rund- oder Kantpalisaden lassen sich Gartenteile voneinander trennen, etwa Blumen- vom Gemüse- oder vom Wohngarten.

2 Was aber viel wichtiger ist: Sie können im Teichbau die Ufer befestigen, dem Bach die rechte Biegung verschaffen und den Boden an Hängen sichern.

Am haltbarsten ist **kesseldruckimprägniertes Holz.** Achten Sie auf das **RAL-Gütezeichen**, das für hochwertige Qualität steht und jahrzehntelange Haltbarkeit garantiert. Diese Imprägnierung ist meist wirkungsvoller als viele Schutzanstriche, die kaum tief genug ins Holz eindringen.

Holzschutzanstriche

3 Wenn Sie Pergolen, Sichtschutzwände, Palisadenzäune, Beeteinfassungen etc. üppig bepflanzen möchten, können Sie auf Holzschutzansstriche getrost verzichten. Die Grün- und Brauntöne, in denen druckimprägniertes Holz angeboten wird, reichen da völlig aus. Holz verändert sich zwar im Laufe der Zeit, es kommt zu einer „natürlichen Vergrauung", die das Bild aber nicht beeinträchtigt.

4 Wenn Sie allerdings die Hölzer mit einer deckenden Farbe streichen möchten, sollten Sie im Fachhandel nach umweltfreundlichen

PROFITIP
Denken Sie bei den Holzkonstruktionen an sog. „Konstruktiven Holzschutz". Decken Sie freiliegende Kopfenden von Pfosten und Stützen mit schmalen Brettchen ab. So wird das Wasser abgeleitet und kann kaum noch in die offenporigen Stirnseiten eindringen, das Holz auslaugen und auf Dauer zerstören.
Ein geringer Mehraufwand, der im Hinblick auf die bessere Haltbarkeit die Mühe lohnt.

Mitteln fragen. Es gibt davon eine ganze Reihe auf pflanzlicher Basis aufgebaute Grundieröle, Kräuterextrakte, lichtechte Erd- und Mineralpigmente.
Farbreste gehören nicht in den Haus-,sondern zum Sondermüll.

3

4

Stabile Verbindungen sind das A und O

1

2

Befestigungsmaterialien wie Beschläge, Hülsen und Scharniere kaufen Sie am besten bereits feuerverzinkt (weiß oder gelb verzinkt), aus Edelstahl oder verzinkt und mit Kunststoff überzogen. Letztere sind am ehesten anfällig, da der Kunststoffmantel leicht beschädigt wird, dann später brüchig wird und abblättert.

Holzschrauben, Maschinenschrauben, Muttern, Beilagscheiben gibt es weiß oder gelb verzinkt, manchmal auch galvanisiert und - für besondere Einsatzbereiche, z.B. beim Teichbau - auch aus rostfreiem Edelstahl.

Wichtig: Achten Sie beim Werkzeug immer darauf, daß es genau zum Material paßt. Nicht passende Einsätze (etwa Bit-Einsätze für Akku-Bohrschrauber) verletzen die Schraubenköpfe oder die Muttern, das Zink springt ab, das Material fängt dann bald an zu rosten.

Die gängigsten Beschläge

1 Betonanker zum Einbetonieren, H-Form, für Pfosten in den Stärken 7 x 7 und 9 x 9 cm, aus feuerverzinktem Flachstahl.

2 Bodenhülse zum Einschlagen, für Pfosten von 9 x 9 - 12 x 12 cm. Dazu gibt es eine Einschlaghilfe.

3

4

5

3 Pfostenanker, verstellbar, zum Aufschrauben auf das Fundament. Für Pfosten von 9 x 9 - 12 x 12 cm.

4 Standfuß zum Aufschrauben auf Fundamentstreifen oder Sockel. Für Pfosten von 9 x 9 - 12 x 12 cm.

5 L-Beschlag mit angesetzter Holzschraube, zum Befestigen von Sichtschutzzäunen an Pfosten.

PROFITIP
Schnelle und stabile Halterungen für Pfosten erzielen Sie, wenn Sie im Fachhandel Pfostenanker mit fertigem Betonsockel (25 x 25 x 50 cm) kaufen.
Ein Loch ausheben, mit Richtschnur und Wasserwaage ausrichten, mit Erde auffüllen und feststampfen.

6 Einschraub-Lasche, zum Befestigen von Querlatten etc.

7 Torbeschlag mit Kloben. Damit lassen sich z.B. Flechtzäune und Sichtschutz-Elemente zum großen Tor umfunktionieren.

8 Torfalle, gut geeignet, wenn eine Sichtschutzwand nur gelegentlich mal geöffnet werden soll.

6

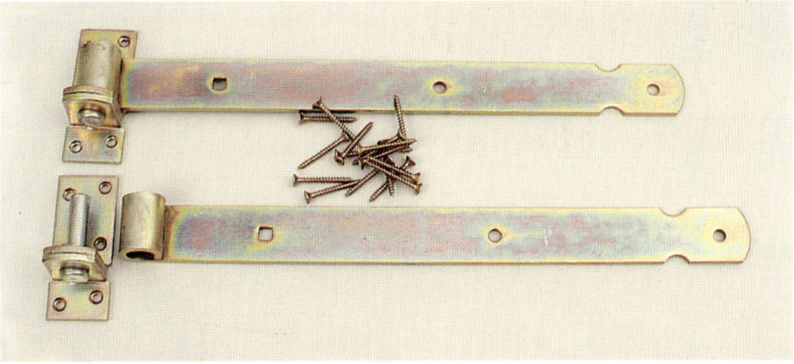

7

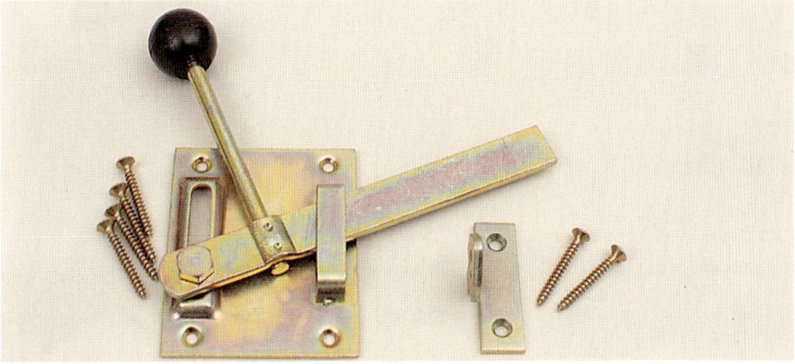

8

Schale oder Folie? - Das ist hier die Frage

1

Daß Teich nicht gleich Teich ist, erfahren Sie spätestens, wenn Sie Ihr persönliches Exemplar einbauen wollen. Haben Sie sich für eine kleine Variante entschieden, weil Ihnen eventuell nur ein schmales Gartenstück dafür zur Verfügung steht, dann könnten Sie unter Umständen plötzlich vor einem Problem stehen.

So wird der Teich frostsicher

Denn gerade bei kleinen Teichen ist es oft schwierig, die **erforderliche Bautiefe** von etwa 80 cm oder mehr zu erreichen. Und die ist nötig, um auch bei Frost das Überleben von Tieren und Pflanzen zu sichern. In diesem Fall sind Teichschalen die ideale Lösung.

Teichschalen oder **Teichfolien** haben in den vergangenen Jahren in Privatgärten dem gemauerten bzw. gegossenen Becken den Rang abgelaufen. Der Grund dafür ist einfach: Der Bau von letzteren ist aufwendig und teuer. Kompliziert wird es zudem, wenn sie wieder entfernt werden sollen. Deshalb verwendet man zum Bau eines Gartenteiches fast ausschließlich Teichschalen oder Teichfolien. Denn mit ihnen ist es leicht, auch ohne spezielle Vorkenntnisse einen Gartenteich anzulegen. Sie haben die für Ihre Abmessungen richtigen Formen und Größenverhältnisse.

Für welche der beiden Möglichkeiten Sie sich letztendlich entscheiden, kommt ganz auf den Verwendungszweck an.

2

Faustregel

1 Für **Teiche bis 5 Quadratmetern** empfiehlt sich eine vorgefertigte Teichschale. Sie schafft auch bei kleineren Teichen ein ausgewogenes Gleichgewicht zwischen Teichoberfläche und Wassertiefe.

2 Mittlere Gartenteiche von 5 bis 10 Quadratmetern Fläche sind mit

Schale oder Folie gleichermaßen gut anzulegen. Die Entscheidung sollte hier allerdings zugunsten der haltbareren, optimal geformten Teichschale ausfallen.

3 Wenn eine **Teichfolie** Ihren Bedürfnissen jedoch mehr entgegenkommt, sollten Sie beim Kauf unbedingt auf **Qualität** achten. Der Unterschied liegt eben auch hier nicht immer nur im Preis. Oft zeigen sich Mängel bei Billigfolien erst nach einiger Zeit.

Woran Sie eine gute Teichfolie erkennen

Eine **hochwertige PVC-Folie** ist nicht aus wiederaufbereitetem Material gefertigt. Deshalb ist sie besonders alterungs- und schweißnahtbeständig. Oft besteht sie aus zwei Schichten, im Fachjargon **„duplierte Folie“** genannt. Sie bietet in der Regel die Gewähr für eine **hohe Lebensdauer.** Hersteller geben deshalb manchmal auch 15 Jahre Garantie auf ihre Folien. Dieses Material ist garantiert fisch- und pflanzenverträglich, biologisch unbedenklich, enthält keine Cadmiumteile und entspricht den geltenden DIN-Normen für Reißfestigkeit, Kälte- und Maßbeständigkeit sowie Wurzelfestigkeit. Eine Investition (fast) fürs Leben.

3

Damit alles im Fluß bleibt

Ohne die richtige Installation läuft nichts

Wenn in Teich oder Bach Wasser fließen soll, muß es erst einmal dorthin kommen und auch dort von Mündung zu Quelle transportiert bzw. durch Filter und Pumpen geleitet werden.

1 Der **Schlauch** bietet sich sowohl als oberirdische wie als unterirdische Zuleitung zu einer Quelle an. Vor allem, wenn der Schlauch fest verlegt wird, muß er aus verstärk-

ÖKOTIP
Achten Sie beim Kauf eines Schlauches darauf, ob das Material auch blei- und cadmiumfrei ist. Einige Hersteller bieten diese Ware am laufenden Meter an. Es gibt auch lebensmittelechte und trinkwassergeeignete Schläuche.

1

2

3

tem **Hartkunststoff** o.ä. Material bestehen. Denn ein Schlauch aus Weichkunststoff würde unter der Last der Erde gequetscht. Wichtig ist auch, daß das Material kälteflexibel ist sowie dauerelastisch auch bei niedrigen Temperaturen. Und er sollte so konstruiert sein, daß auch beim Knicken oder starker Druckbelastung ausreichend Wasser fließen kann. Damit Bach, Springbrunnen und Wasserfall in Bewegung bleiben - und die Pumpe nicht leerläuft.

1 - 3 **Schlauchverbindungsteile,** also T-Stücke, Kupplungen, Winkelstücke oder Y-Stücke gibt es aus verschiedenen Materialien. Aus **Kunststoff** und **Messing.** Bei festinstallierten Schlauchleitungen ist der Einsatz von Metallteilen ratsam. **Steckverbindungssysteme** eignen sich nur für lose verlegte Anlagen bzw. für den Einsatz am Gartenschlauch, z.B. wenn Sie lediglich mal den Teich oder ein Pflanzbecken nachfüllen möchten. Diese **Stecksysteme** gibt es von verschiedenen Herstellern. Sie funktionieren im Prinzip alle ähnlich. Hahnanschluß, Schlauchverbinder, Übergangsstücke, Kupplungen können mit einer ganzen Reihe von Düsen und Ventilen, Spritzen, Gießgeräten und sogar mit einer Gartendusche kombiniert werden.

4 Um den Schlauch mit Verteilern, Ventilen, Hahnstücken, aber auch mit Pumpen und Filtern korrekt und vor allem dicht zu verbinden, brauchen Sie **Schlauchklemmen.** Die gibt es mit Schneckengewinde aus rostfreiem Chromstahl mit stahlverzinkten und gelbchromatierten Schrauben, komplett gelbchromatiert oder auch komplett stahlverzinkt. Die Spannbereiche reichen von 8 - 16 mm bis 130 - 150 mm.

SICHERHEITSTIP

Achten Sie beim Kauf eines Schlauches auf den sog. Platzdruck. Der wird immer in bar angegeben. Die Werte sind bei einer Temperatur von 20° C ermittelt und gelten für Schläuche mit 1/2“ Durchmesser. Gute Werte liegen bei 30 bis 32 bar Platzdruck.
Mit einem „Schlauchplatzsicherungsventil“ können Sie größere Schäden vermeiden. Dieses Ventil stoppt den Wasserdurchfluß im Schadensfall.

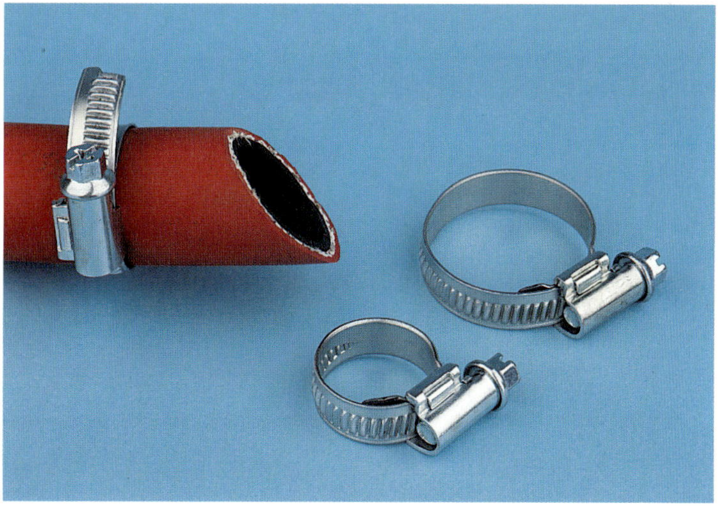

4

Rankgitter, Pfosten und Palisaden

1

1 Palisaden werden in der modernen Gartengestaltung zum **Schutz** vor Wind und Wetter, vor Lärm und Einblicken anderer eingesetzt. Hauptsächlich aber sind sie zum **gestalterischen Element** geworden: um den einen Gartenteil vom anderen zu trennen, etwa den Gemüse- vom Blumengarten, den Wäschetrockenplatz oder den Kompostplatz vom Wohngarten. Dabei können Sie mit den Palisaden auch den Boden an Hängen sichern, z.B. um den Bachlauf zu festigen. Sie können mit Palisaden im Teichbau auch gut die Uferränder befestigen.

2 Im Handel sind Palisaden als **Rundpalisaden** oder **Halbpalisaden** in den verschiedensten Stärken und Längen, immer braun bzw. grün druckimprägniert. Rundholzpalisaden sind entweder geschält im Handel, dabei bleibt die natürliche Stammform erhalten. **Gefräste Palisaden** haben überall den gleichen Durchmesser und lassen sich dadurch natürlich leichter verarbeiten. Sie sind die gängigeren Palisaden und werden, rechteckig im Querschnitt, gerne als Schwellen eingesetzt. Der Phantasie und der eigenen Kreativität sind dabei keine Grenzen gesetzt. Die Gestaltungsmöglichkeiten sind vielseitig - und auch Ihrer Phantasie überlassen.

***3* Rankgitter, Flechtzäune** und natürlich die dazugehörigen Pfosten, Bretter und Latten gibt es in den unterschiedlichsten Maßen. Als **Sichtschutz** eignen sich am besten die 180 x 180 cm großen Elemente. Die gibt es aus einfachem, druckimprägniertem Holz schon ab 39 Mark im SB-Baumarkt, aber auch wesentlich teurer in edlen Ausführungen, z.B. aus Red Cedar gefertigt. Das ist der Rolls Royce unter den Gartenhölzern, absolut wetterfest!

4 Schwere Hölzer wie **Schwellen** sind sehr teuer. Wenn es nicht gerade edelstes Holz sein muß, sollten Sie sich etwas Zeit nehmen und sich nach gebrauchten **Eisenbahnschwellen, Transportpaletten** oder **Sägeresten** von großen Bäumen umsehen. Gebrauchte Holzprodukte finden Sie über Kleinanzeigen, bei Sägewerken oder auf Baustellen. Solche Hölzer sind ideal, um z.B. **Höhenstrukturen** beim Teich- und Bachbau festzulegen oder abschüssiges Gelände dauerhaft zu sichern.

PROFITIP

Achten Sie beim Holzkauf auf sorgfältige Imprägnierung. Besonders dann, wenn Sie Pfosten oder Palisaden direkt einbetonieren möchten. Durch die RAL-gütegesicherte Kesseldruckimprägnierung bleibt das Holz auch bei direktem Erdkontakt vor Fäulnis geschützt.
Dieses RAL-Gütezeichen steht für eine hochwertige Qualität der Imprägnierung und garantiert jahrzehntelange Haltbarkeit. Produkte mit diesem Gütezeichen sind von der Gütegemeinschaft „Kesseldruckimprägnierte Palisaden und Holzbauelemente für Garten-, Landschafts- und Spielplatzbau e.V." neutral überwacht und unter Beachtung der strengen Imprägniervorschriften dieser Gemeinschaft hergestellt.

2

4

3

Wasserdicht muß es sein

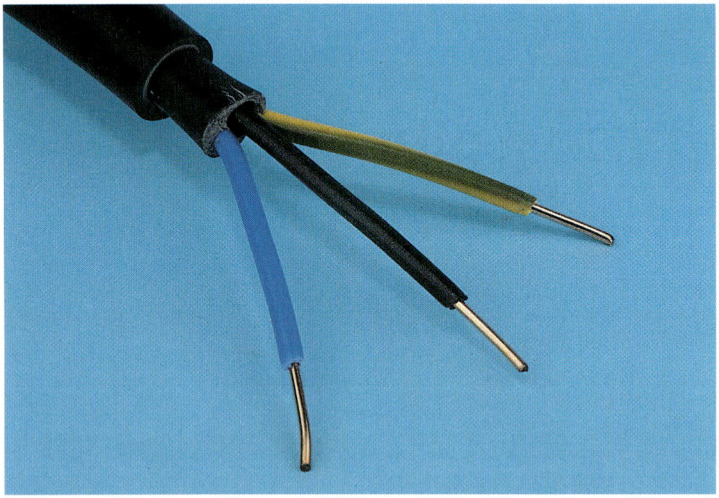

1

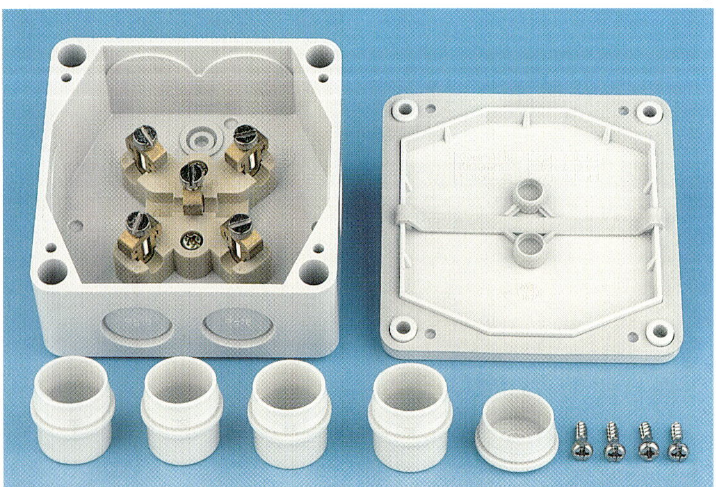

2

In Baumärkten und im Elektrofachhandel gibt es eine ganze Reihe von Zubehör für die Elektroinstallation in Feuchträumen (z.B. in Gartenhäuschen oder geschützt in Pergolen). Achten Sie darauf, daß Kabel, Dosen, Schalter und Verteilerkästen auch alle **Prüfzeichen** tragen (s. Begriffserklärungen, S. 93). Und damit können Sie Ihre Anlage sicher installieren bzw. tolle Effekte erzielen:

1 Besonders geschützte **Erdkabel** brauchen Sie, wenn Sie z.B. vom Haus zu einer (wasserdichten) Verteilerdose im Garten oder einem Steckdosen-Stein (s.S. 44) eine unterirdische Leitung legen möchten. Erdkabel werden unter der **Bezeichnung NYY** geführt. Die gängigen Kabel haben zwischen 3 und 5 Adern mit einem Querschnitt von mindestens 1,5 mm und sind mit einem starken **PVC-Mantel** umgeben. Das kräftige **Leitungsfüllmaterial** ist weich. Erdkabel lassen sich auch im Haus, im Freien, unter Wasser und natürlich unter der Erde verlegen. Faustregel: mindestens 25 cm unter der Erdoberfläche. Wenn die Gefahr besteht, daß das Kabel beschädigt wird, z.B. beim Umgraben, sind mindestens 60 cm erforderlich.

2 Einen **wasserdichten Verteilerkasten** müssen Sie dann einsetzen, wenn Sie im Garten, z.B. an einer Pergola oder in der Nähe des Teiches oder Bachlaufs verschiedene Leitungen weiterführen möchten. Die Anschlüsse sehr sorgfältig verschrauben und gut darauf achten, daß die Kabeldurchbrüche sauber und dicht anliegen (etwas Silikon hilft dabei).

SICHERHEITSTIP

Zur Sicherheit sollten Sie Erdkabel zusätzlich in einem Kabelkanal verlegen, z.B. in Stangenrohren aus grauem Hart-PVC. So können Sie wirksam verhindern, daß Sie beim Umgraben das Kabel beschädigen. Am Besten, Sie zeichnen den Verlauf des Stromkabels zusätzlich in einen Lageplan ein.

3 **Bewegungsmelder** (s. Foto) und **Dämmerungsschalter** sind praktische Geräte. Der Bewegungsmelder schaltet sofort Licht ein, wenn sich jemand (z.B. unbefugt) dem Haus oder der Garage nähert oder wenn Sie selbst Licht brauchen, um nach Hause zu finden. Das dient in erster Linie natürlich der Sicherheit. Dämmerungsschalter schalten automatisch Garten- und Hausbeleuchtung ein, wenn es Dunkel wird. Die Brenndauer und der Erfassungswinkel lassen sich bei beiden Systemen individuell einstellen.

4 Eine **Zeitschaltuhr** macht Licht- und Wasserspiele sozusagen vollautomatisch. Zwar müssen Sie darauf achten, ob diese Zwischenstecker wirklich unempfindlich gegen **Feuchtigkeit** sind, aber diese Schaltuhren lassen sich ja bereits in geschützten Räumen einbauen, etwa im Keller, bevor das Kabel ins Freie führt, oder in einem Gartenhäuschen. So können Sie individuell bestimmen, wann z.B. die Gartenstrahler in Dienst treten oder die Springbrunnendüsen aufgedreht werden sollen.

Ohne Strom kein Wasser und Licht

3

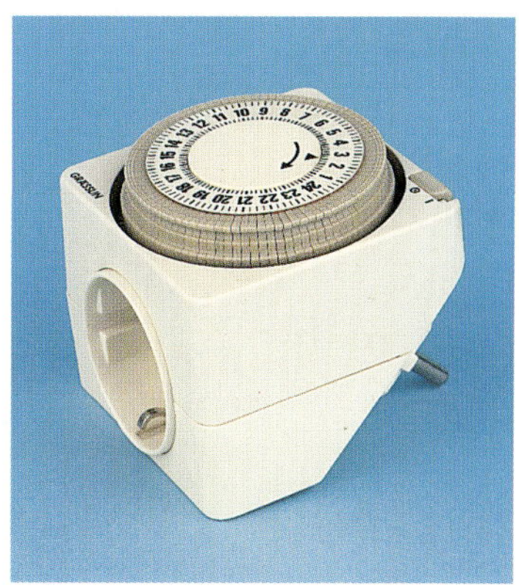

4

Biologisch sauber - kristallklarer Teich

1

Ein Gartenteich ist ein Stück Natur auf dem eigenen Grundstück. Normalerweise bleibt der Teich ohne fremdes Zutun sauber - wenn die richtigen Pflanzen gewählt worden sind, die für das **biologische Gleichgewicht** sorgen. Es gibt aber Gründe, da kann man nicht auf **Pumpen** und **Filter** verzichten. Etwa wenn Sie einen Springbrunnen betreiben möchten. Sinnvoll sind Teichfilter auch dann, wenn zur Anlage ein fließender Bach gehört. Der transportiert nämlich ständig **Schmutz-** und **Schwebeteilchen**, die herausgefiltert werden müssen, um die Pumpe zu schützen.

Welcher Filter für welchen Teich ?

In einem großzügig angelegten Teich bilden Wasser, Pflanzen und Tiere ein biologisches Gleichgewicht, das sich selbst reguliert. Aber bei großem **Fischbesatz**

PROFITIP

Wenn Sie Pumpe und Filter auch im Winter betreiben, wird dem Teichsystem ausreichend Sauerstoff zugeführt. Durch die Eigenwärme der Pumpe und das bewegte Wasser bleibt der Teich an der Oberfläche eisfrei.

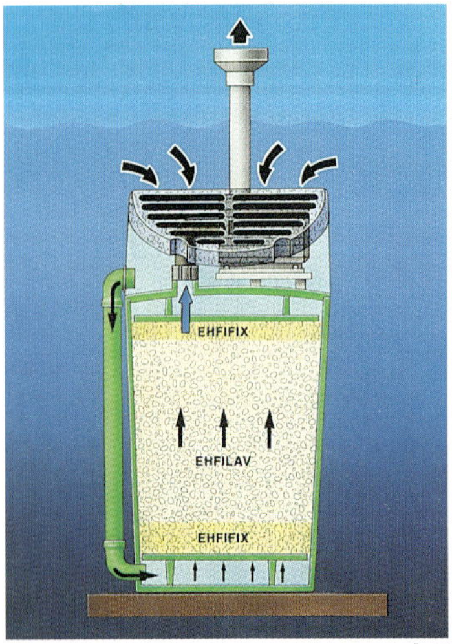

2

3

4

kommen Sie allein schon deshalb nicht ohne Filter aus, weil die Fische ständig gründeln. Dadurch wird das Teichwasser relativ schnell trüb. Die Teichfilter übernehmen dabei die **Klärung** des Wassers und wälzen es ständig um. Dadurch werden auch die Schmutzteilchen laufend abgesaugt, das Wasser bleibt klar. Um den richtigen Filter mit ausreichender Leistung zu finden, müssen Sie die durchschnittliche Länge x Breite x Tiefe Ihres Teiches messen. So erhalten Sie die Kubikmeterzahl, die für den Leistungsbereich des Filters maßgeblich ist.

Innen- oder Außenfilter ?

1, 2 Eine kräftige Kreiselpumpe und großes Volumen machen **Unterwasser-Teichfilter** außerordentlich leistungsfähig. Das ganze Volumen wird durch die speziell zusammengesetzte Filtermasse gepumpt. Dabei werden Schmutz- und Schadstoffe sowohl biologisch als auch mechanisch abgebaut.

3, 4 Der Wasserauslauf kann mit den zum Filter gehörenden Armaturen erfolgen, als Auslauf durch eine Fontäne (diverse Aufsätze gibt es im Zubehörprogramm der Hersteller, s. S. 34 ff.) oder ganz einfach durch einen Schlauchanschluß.

5, 6 Speziell für niedrige Gewässerbereiche gibt es **Innenfilter in Flachbauweise**, die sich mit Modulen beliebig erweitern lassen und so individuell der Teichgröße angepaßt werden können. Auch hier kann am Düsenstock ein Wasserspeier montiert werden.

Wartungsfreundliche Außenfilter

7, 8 Vorteil: Nur die Teichpumpe mit einem Vorfilter liegt unter Wasser, der großvolumige Filtertopf steht am Ufer, kann rundum bepflanzt werden. Die Reinigung ist bequemer. Der Wasserdurchlauf im Filtertopf erfolgt nach dem Prinzip des Rieseleffektes, dadurch werden permanent Schadstoffe abgebaut. Der Wasserauslauf erfolgt über einen Schlauchanschluß. Zum Beispiel als Wasserfall, Bachlauf oder über einen Quellstein.

5

6

8

7

Von Pumpen, Düsen und Fontänen

Schaumsprudler in Aktion

Ein Springbrunnen bringt Leben in den Gartenteich. Durch stetige Bewegung des Wassers sorgt er für die Anreicherung mit Sauerstoff. Auch die natürliche **Selbstreinigungskraft** des Wassers wird gefördert. Im Prinzip ist die Springbrunnentechnik ganz einfach. Eine **Unterwasserpumpe** in den Teich gestellt, die richtige Düse drauf - und schon sprudelt und schäumt es, daß es eine wahre Freude ist.
Königslilie, Schaumquell, Vulkan und Lava. So phantasievolle Namen tragen die Springbrunnendüsen, die zig-fach im Handel angeboten werden. Fast fällt die Wahl schwer, welcher Sprudler oder welche Fontäne denn am besten ins Gelände paßt...
Natürlich müssen Sie die Größe Ihres Gartens bei der Wahl des Wasserspiels berücksichtigen. In einen kleinen **Ziergarten** paßt einfach keine riesige Fontäne. Hier sollten Sie eine Wasserglocke oder einen Schwallsprudler wählen.
Die Pumpen müssen ebenfalls zum gewählten Sprudler passen, ein Fontänenaufsatz „Schaumsprudler“ braucht eine stärkere Pumpe als eine Wasserglocke. Auch beim **Bachlauf** muß die Pumpe ausreichend dimensioniert sein, sonst fließt nur ein spärliches Rinnsal.
Also dann, Wasser marsch...

Universal-Unterwasserpumpe

Wasserfilter mit Springbrunnenaufsatz

Pirouette

Vulkan

Lava

Königslilie

Kelchform

Schwall-Sprudler

Kelchform

Schaumsprudler

Stufen-Fontäne

Komet

Ein Springbrunnen bringt Leben in den Garten - und sorgt für Entspannung

Von Brunnen, Skulpturen und Wasserspeiern

Als Alternative zu Springbrunnen gibt es im Handel eine ganze Reihe von mehr oder weniger kitschigen, wasserspeienden Skulpturen und kleinen Fertigbrunnen.
Im Prinzip funktionieren die Wasserspeier ähnlich wie eine Springbrunnenanlage. Sie brauchen immer ein Wasserbecken bzw. ein Reservoir, aus dem eine Pumpe das Wasser über einen Schlauch oder eine feste Rohrleitung zur Skulptur oder zum Wassereinlauf befördert. Vom Speier muß das Wasser natürlich wieder ins Becken bzw. ins Reservoir zurückgeleitet werden (s. Schema). Dadurch bleibt der Kreislauf erhalten,

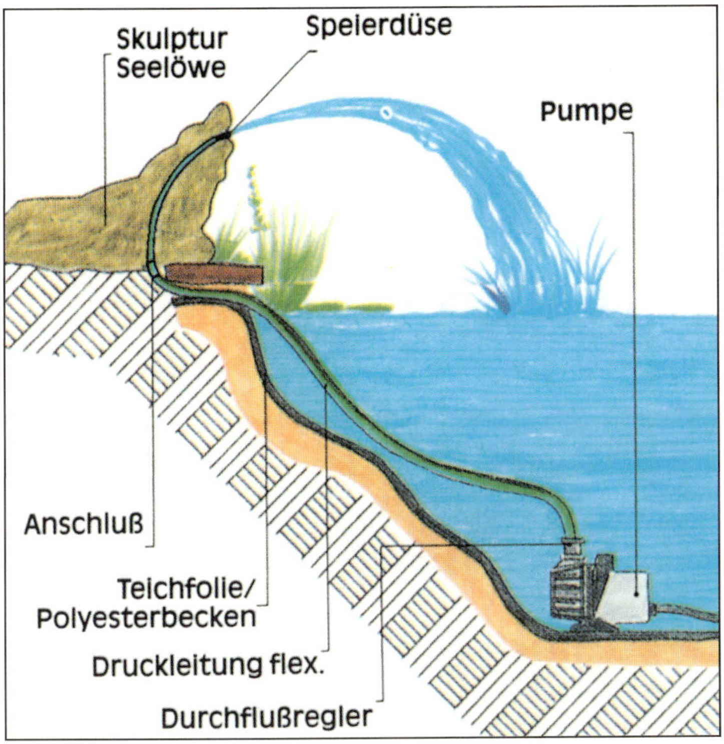

1

2

3

4

Sie müssen nur verdunstendes Wasser nachfüllen.

1,2 Kleine Tierskulpturen und Wasserspeier aus Bronze oder Steinguß werden bei Hobbygärtnern immer beliebter. Sie sind ein witziges Gestaltungselement, lassen sich gut beleuchten - und sie verraten auch etwas über den Besitzer.

3 - 5 Da gibt es Enten, Frösche, Schildkröten, aber auch richtig künstlerisch gestaltete Skulpturen und Wasserspeier, in klassischer Form („Poseidon", „Meerjungfrau") oder moderne, abstrakte Werke aus Bronze oder Stein.
Aber: Lassen Sie sich nicht vom spontanen Eindruck beeinflussen. Die Figuren sollten in Stil, Farbe und vor allem in der Größe in die Gesamtanlage Ihres Gartens passen. Wenn Sie Kinder und/oder Hund bzw. Katze haben, sollten die Skulpturen robust sein - und sie dürfen keine scharfen Ecken oder Kanten haben, an denen man sich verletzen kann.

5

6 Wasserbecken oder romantische Wasserzapfstellen können Sie natürlich neu (z.B. aus Marmor-Granulat und weißem Zement oder aus Terrakotta) im Fachhandel erstehen. Mehr Spaß macht es allerdings, auf Flohmärkten zu suchen. Vielleicht finden Sie eine Rariät, wie dieses Eisenbecken aus dem steirischen Graz.

6

Wie man sich bettet...

Nach dem Erdaushub müssen Teich- bzw. Bachbett gepolstert werden. Auf humosen, durchwurzelten Boden sowie steinigen Boden dürfen Sie nicht direkt die Teichfolie verlegen. Zumindest sollten Sie nach dem Aushub Steine, Wurzeln und andere grobe Teile entfernen. Darauf kommt dann eine kräftige Sandschicht (etwa 20 cm), damit die Folie gut gepolstert aufliegen kann - ohne etwa durch scharfkantige Steine zerstört zu werden. Statt Sand gibt es noch andere Möglichkeiten, den Teichgrund zu polstern:

1

1 Zum Schutz der Teichfolie bieten Hersteller spezielle **Schutzvliese** an. Ein hochwertiges Teichvlies verrottet nicht und schützt die Folie auch vor mechanischen Beschädigungen. Selbst Glasscherben können den meisten Vliesen kaum etwas anhaben. Die Folie ist dadurch optimal vor Beschädigungen von unten geschützt.

2

2 Natürlicher Abschluß: **Naturschutzmatten.** Sie eignen sich zur Gestaltung natürlicher, bewachsener Uferzonen. Diese Matten sind aus reiner **Kokosfaser** und bewähren sich seit vielen Jahren im Wasser- und Böschungsbau. Na-

3

4

turschutzmatten sind umweltfreundlich und bleiben in ihrer Struktur viele Jahre erhalten. Sie sind flexibel und leicht zu verlegen.

3 Vor Nagetieren schützen Sie den Teichboden am besten mit einem **plastifizierten Drahtgeflecht.** Schon eine Maschenweite von 15 mm hält selbst kleine Nager zurück. Durch das geringe Gewicht des Materials und seine hohe Flexibilität ist das Geflecht schnell und leicht auch selbst zu verlegen.

4 Pflanzen gehören in den Korb. Wenn Sie Ihren Gartenteich bepflanzen, setzen Sie die Blumen Ihrer Wahl am besten in Pflanzkörbe ein. Dabei können Sie zwischen einer künstlichen und einer natürlichen Ausführung wählen. Im Handel sind zum Beispiel **Pflanzkörbe** aus naturreinen **Kokosfasern.** Naturbelassen fügen sie sich farblich harmonisch in die Ufer- und Teichgestaltung ein. Ihr stabiles Gewebe garantiert eine lange Lebensdauer.

ÖKOTIP

Einer der Hersteller hat eine sog. „sanfte“ Folie entwickelt, die die Vorzüge der klassischen PVC- und Polyethylenfolie aufweist, d.h. sie ist ohne Weichmacher, Cadmium und Schwermetalle hergestellt. Die Folie ist recyclebar und wird, wenn sie einmal ausgedient hat, vom Hersteller zurückgenommen.

Sie lassen sich schonend in den biologischen Kreislauf einfügen. Pflanzkörbe aus diesem Material sind flexibel und variabel. Ihr Rand kann umgeschlagen und so dem Wasserstand bzw. der Pflanzenhöhe angepaßt werden. Ihre breite Standfläche gibt ihnen auf jedem Untergrund Halt. Sie sind atmungsaktiv und „substrat-dicht“, d.h. die Erde wird nicht ausgeschwemmt.

Gutes Licht - romantisch und sicher

Aus eins mach zwei. Ein Grundsatz, der auch für Gartenbesitzer gültig sein kann. Wenn Sie Ihren Garten nämlich ins rechte Licht tauchen, haben Sie gleich zwei davon: den Garten im Tageslicht, der von den Lichtschwankugen des Tageslichts abhängt und sich immer in einem anderen Licht zeigt. Und den Garten, der stimmungsvoll beleuchtet ist, ohne Schwankungen, der auch Details wirkungsvoll hervorhebt. Hier ist nichts dem Zufall überlassen, die Stimmung wird inszeniert.

Künstliches Licht im Garten zu haben, heißt Schönheit und Sicherheit. Sicherheit, weil Sie zum einen den Weg zum Haus, zur Garage, zum Gartenpavillion, durch die Laube oder zum Pool beleuchten können. Denn gutes Licht verringert Unfall- und Sturzgefahr.

Licht im Garten ist auch ein Garant, daß sich niemand ungesehen Ihrem Haus nähern kann. Keine Chance also lichtscheuen Gestalten! Wenn Sie die Beleuchtung nicht die ganze Nacht hindurch brennen lassen möchten, sollten Sie einen **Zeitschalter** oder einen Sensor einsetzen. Diese **Bewegungsmelder** können individuell justiert werden und leuchten dann eine gewisse, zuvor eingestellte Zeit. Unauffällig sollten solche Lampen montiert werden. Am besten geeignet sind **Halogenscheinwerfer** mit 500 Watt Leistung. Einbrecher stehen dann unerwartet im Licht und werden sicherlich von ihrem Vorhaben ablassen.

Lichtspiele am Wasser sind ganz besonders faszinierend. Wenn sich das Licht auf bewegtem Wasser spiegelt, wird aus dem statischen Schein ein „Licht zum Anschauen“. Wasser kann be- und durchleuchtet werden, egal ob Teich, Brunnen, kleiner Wasserlauf oder ein Schwimmbecken. Dazu gibt es im

Das richtige Licht bringt Stimmung in den Garten

1

2

Fachhandel eine ganze Reihe von Spezialleuchten, die auch unter Wasser betrieben werden können.

Planung und Installation

Haben Sie irgendwo am Haus einen **direkten Stromauslaß**, können Sie jede beliebige Außenleuchte montieren.

1 Raffiniert sind die schon erwähnten **Außenlampen mit Infrarot-Bewegungsmelder,** die bereits ab 50 Mark im Handel sind. Das Licht schaltet sich automatisch ein, sobald Sie in den Bereich des verstellbaren Sensors kommen. Sie können auch selbst die Zeit bestimmen, wie lange die Lampe brennen soll (regelbar zwischen 8 Sekunden und 12 Minuten). Idealerweise sollten Sie ein Modell wählen, daß sich problemlos auf Dauerlicht umstellen läßt. Diese Lampen gibt es auch als Halogen-Fluter mit 250 bis 500 Watt.

2 Attraktiver - und für den Garten auch wesentlich gemütlicher - sind **Niedervolt-Außenlampen.** Ganz einfach zu montieren. Sie brauchen lediglich eine Außensteckdose am Haus oder der Garage, an die der Transformator angeschlossen wird. Die Leuchten, je nach

Ausführung zwischen zwei und sechs Stück, werden einfach in die Erde gesteckt. Da die Anlage mit Niederspannung, in der Regel 12 Volt, betrieben wird, besteht auch bei freiliegenden Leitungen keine Gefahr. Für so eine Anlage müssen Sie zwischen 50 und 150 Mark anlegen. Mit den Leuchten können Sie interessante Effekte erzielen, z.B. die Pflanzen in Ihrem „Grünen Zimmer" erst so richtig zur Geltung bringen.

3

3 Umweltbewußt und sparsam? Dann sollten Sie sich eine **Solarleuchte** kaufen. Die bringt Licht ins Dunkel, ganz ohne Kabel. Es gibt Ausführungen, die Sie sowohl als Tisch-, Wand- und Gartenstehleuchte verwenden können. Die Solarpaneele sollten aus multikristallinen Solarzellen sein. Sinnvoll ist auch ein herausnehmbarer Akku, den Sie bei schlechtem Wetter separat aufladen können. Richtwert: Brenndauer pro Nacht etwa 5 Stunden. Wenn diese Leuchten wirklich optimal funktionieren sollen, dann muß möglichst den ganzen Tag die Sonne auf das Modul scheinen. Schatten beeinträchtigt die Leistungsfähigkeit der Solarzellen ziemlich stark. Im Winter sind Solarleuchten nur bedingt tauglich. Preis, je nach Ausführung, zwischen 70 und 150 Mark.

4 Es gibt auch attraktive, formschön gestaltete **Holz-Gartenleuchten,** druckimprägniert in lindgrün oder imprägniert, grundiert und durchscheinend in verschiedenen Farbtönen lasiert. Der Kabelkanal ist abgedeckt. Die aufgesetzten Leuchten aus schwarz lackiertem Aluminium fassen Birnen bis 100 Watt und sind bis -40 Grad getestet. Befestigt werden die Pfosten schnell und einfach in Pfostenankern mit fertigem Betonsockel (im Baumarkt).

4

5

6

5 Unterwasserscheinwerfer und Schwimmbadleuchten sind Spezialleuchten. Sie sind für den Betrieb unter Wasser ausgelegt. Für die Scheinwerfer gibt es als Zubehör eine ganze Reihe von Farbscheiben zum Aufsetzen.
Prinzipiell werden diese Leuchten, einzeln oder im Set zu zwei bzw. drei Lampen, mit sog. **Schutzkleinspannung** betrieben. Das heißt in der Praxis, daß Sie (sofern er nicht zum Lieferumfang gehört) einen **Einzel-** bzw. **Sammeltransformator** vorschalten müssen. **Diese Trafos dürfen nur außerhalb des Wassers montiert werden!**
Ähnlich funktionieren auch die **Schwimmleuchten** (Foto S. 45), aus schlagfestem Kunststoff. Die Kuppeln gibt es mit einer 5 Watt Halogenleuchte im Durchmesser von 160 und 200 mm. Dazu gehört ein Steckertrafo mit 230V/12V.

6 Der Clou: Wie integriert man im Garten eine Steckdose? Im Handel gibt es solche **Steckdosen-Steine** (ca. 130 Mark), an die man bis zu vier verschiedene Geräte anschließen kann. Auch mit Steckdosen und Schaltern erhältlich. Diese Steine lassen sich gut in die Gartenlandschaft integrieren.

Die wichtigsten Werkzeuge

Auf diesen beiden Seiten finden Sie Kurzbeschreibungen der wichtigsten Werkzeuge, die Sie benötigen, um Ihren Garten selbst mit Wasser, Holz und Licht gestalten zu können. Welche Werkzeuge Sie für die einzelnen Arbeitsgänge und Arbeitsabläufe brauchen, ersehen Sie aus den Abbildungen unter der Rubrik »Werkzeuge«, die im Kasten bei den jeweiligen Arbeitsanleitungen stehen.

Werkzeuge zum Messen und Richten

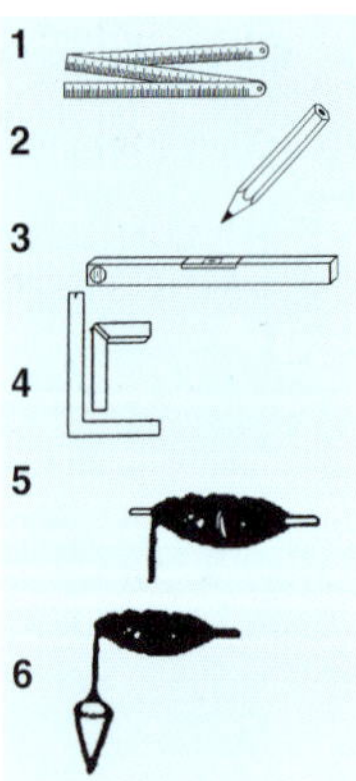

1 **Meterstab**: 2 m lang, zum Abmessen von Längen.
2 **Bleistift**: Zum Anzeichnen von Meßpunkten.
3 **Wasserwaage**: Unerläßlich, um die Horizontale bzw. Vertikale festzulegen.
4 **Winkelmaß**: Zum Ausrichten von Spalieren, Belagsecken etc.
5 **Richtschnur**: Zum Festlegen von Fluchten und Höhen bei der Montage von Lattengerüsten, Rankhilfen etc.
6 **Senklot**: Zum Bestimmen vertikal übereinanderliegender Punkte brauchen Sie ein Senklot.

Werkzeuge für die Bodenbearbeitung

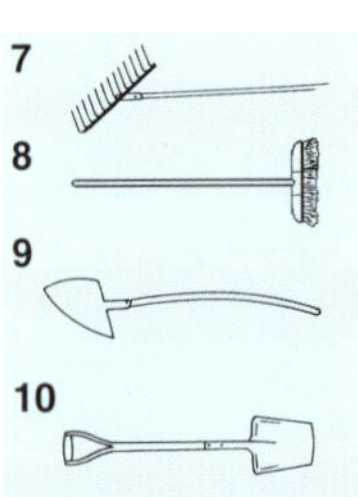

7 **Baurechen**: Mit groben Zinken für die Planierung von Sand und Erde.
8 **Besen**: Mit dem Besen kehren Sie das Fugenmaterial ein.
9 **Schaufel**: Zum Ausheben und Verteilen von Erdreich und Schüttgütern.
10 **Spaten**: Zum Abstechen und Ausheben von Erdreich, Fundamenten und Brunnenschächten.

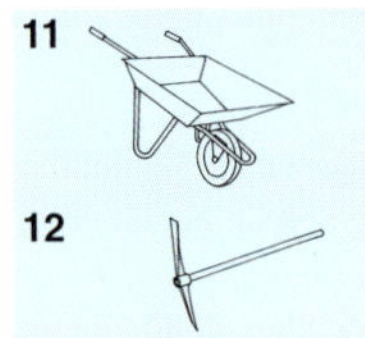

11 **Schubkarre**: Ideal, um Zement, Sand, Erde etc. zu transportieren. Eignet sich auch zum Mischen von Beton und Mörtel.
12 **Spitzhacke**: Zum Lockern von Erdreich, besonders dann, wenn die Erde trocken ist.

Werkzeuge zum Befestigen

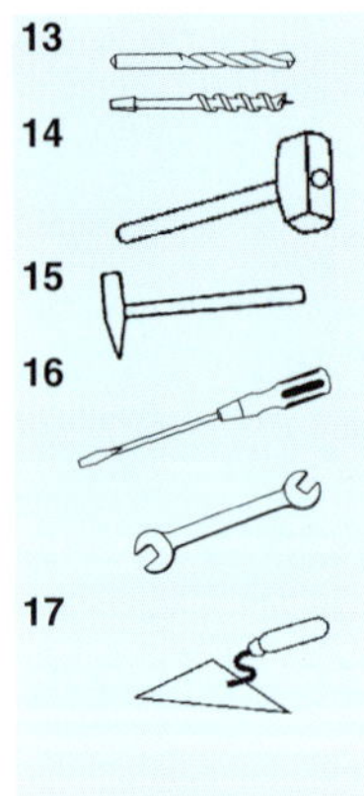

13 **Metall-/Holzbohrer**: Zum Bohren von Löchern in Metall und Holz.
14 **Vorschlaghammer**: Zum Eintreiben von Pfosten und Bodenhülsen in die Erde.
15 **Hammer**: Benötigen sie zum Festklopfen von Nägeln.
16 **Schraubenzieher und Gabelschlüssel**: Zum Anziehen und Lösen von Schrauben mit einfachem Schlitz oder Kreuzschlitz bzw. mit Sechskantkopf.
17 **Maurerkelle**: Aus Stahl, zum Herstellen von Mörtelkeilen um Betonanker herum oder an Belagsrändern und zum Glattstreichen von Fundamenten.

Werkzeuge zur Elektroinstallation

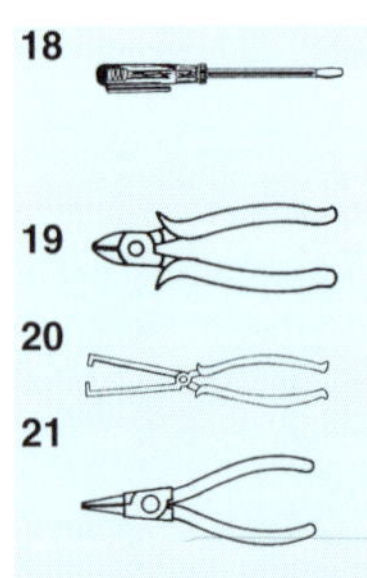

18 **Phasenprüfer**: Im Griff dieses kleinen Schraubenziehers ist eine Glimmlampe installiert, die die stromführende Phase anzeigt.
19 **Seitenschneider**: Zum Ablängen von Leitungen, Kabeln, Drähten.
20 **Abisolierzange**: Zum Entfernen der Schutzisolierung an Adern.
21 **Telefonzange**: Gibt es mit geraden oder gebogenen, spitz zulaufenden Zangen. Gut geeignet zum Fassen von Leitern.

Elektrowerkzeuge

22 
23 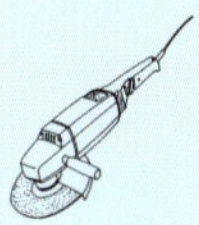
24 

22 Bohrmaschine: Am besten geeignet ist eine Bohrmaschine mit Schlagbohreinrichtung zum Bohren in Mauerwerk und Beton. Wichtig ist ein rechts- und ein linksdrehender Lauf für Schraubarbeiten. Für Arbeiten auf der Leiter ist ein Akku-Bohrschrauber zu empfehlen, damit keine Kabel stören.

23 Winkelschneider: Schneidet Stein, Metall und Beton. Vorsicht: starke Staubentwicklung.

24 Kabeltrommel: Sollte für den Außenbereich geeignet sein.

Werkzeuge zur Holzbearbeitung

25 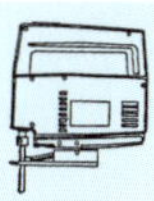
26 
27 
28 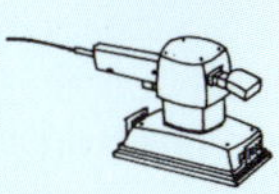
29 
30 

25 Stichsäge: Zum Ablängen von Latten, Rund- und Kanthölzern mit weniger als 60 mm Durchmesser, verwenden Sie eine Stichsäge.

26 Hand- bzw. Tischkreissäge: Zum Abschneiden von stärkeren Rund- oder Kanthölzern. Mit einer Tischkreissäge mit Anschlag lassen sich Faserlängsschnitte und Winkelschnitte genauestens herstellen. Die Handkreissäge befestigen Sie am besten an einem Werktisch.

27 Elektrohobel: Zum Glätten von sägerauhem Holz und Herstellen von Fasen bei scharfkantigem Holz.

28 Schwingschleifer: Glättet rauhe Oberflächen nach dem Hobeln.

29 Holzraspel: Zur gröberen Holzbearbeitung und zum Brechen der Kanten.

30 Fuchsschwanz: Zum Zuschneiden aller Arten von Holz.

31 
32 

31 Feile: Zur feineren Holzbearbeitung brauchen Sie eine Feile.

32 Schleifpapier: Benötigen Sie, um noch rauhes Holz nach dem Raspeln oder Feilen zu Glätten.

Hilfswerkzeuge

33 
34 
35 
36 
37 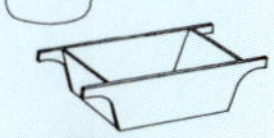
38 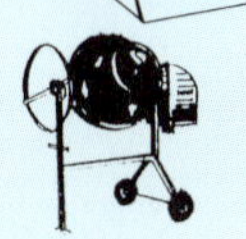

33 Schere: Allzweckschneider zum Zuschneiden von Folien und Vliesen.

34 Eisensäge: Zum Absägen von Alu, Metall und Kunststoff geeignet.

35 Leiter: Am sichersten sind Alu-Leitern. Für größere Arbeitshöhen können Sie Leitern auch ausleihen (Branchenbuch).

36 Baueimer: Für den Materialtransport, z.B. durchs Haus, auch zum Anmachen von Mörtel.

37 Mörtelwanne: Zum Anmachen von Mörtel und Mischen von Beton, auch für Transportzwecke.

38 Betonmischmaschine: Für das Mischen größerer Mengen von Beton. Kann auch ausgeliehen werden.

Hilfsmittel zum eigenen Schutz

39 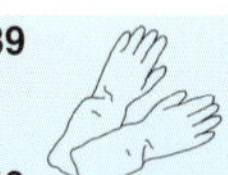
40 
41 

39 Gummihandschuhe: Benötigen Sie zum Verfugen. Keine zu dicken Handschuhe verwenden.

40 Arbeitshandschuhe: Schützen die Hände beim Tragen von scharfkantigen Kübeln und Kästen vor Verletzungen.

41 Schutzbrille und Maske: Damit können Sie verhindern, daß beim Sägen und Schleifen Holzstaub bzw. Holzsplitter in die Atmungsorgane und die Augen eindringen.

Vom richtigen Umgang mit Holz

Holz muß richtig bearbeitet und auch gepflegt werden

Holz ist ein **natürlicher Baustoff,** der sich gerade für die Gartengestaltung anbietet. Ob fertige Palisaden, druckimprägnierte Latten oder Bretter, Sie sollten immer **Qualitätsware** kaufen. Die läßt sich meist leichter bearbeiten und sieht vor allem besser aus als II. Wahl.

Wichtig: Stellen Sie die **Materialliste** sehr sorgfältig zusammen. Das gilt nicht nur für die Maße des Holzes, sondern auch für Schrauben und Beschläge, für Bohrer und Sägeblätter. Es gibt nichts Schlimmeres, als nach Geschäftsschluß oder am Wochenende nicht weiterarbeiten zu können, weil irgendetwas Wichtiges fehlt!

Viele Dinge können Sie sich im Baumarkt bereits auf Maß zuschneiden lassen. Das kostet nur ein paar Mark mehr, Sie können aber sicher sein, daß die Arbeiten professionell und exakt erledigt sind. Dennoch werden Sie kaum darum herumkommen, Einkerbungen, Zapfen und Schlitze selbst herzustellen. Dazu brauchen Sie auch eine **Grundausstattung an Werkzeugen.** Natürlich einen Meterstab, Bleistift und einen Anschlagwinkel. Zur Holzbearbeitung sind einige nützliche **Elektrowerkzeuge** im Handel.

Diese Maschinen gehören in Ihren Werkzeugkasten, wenn Sie größere Projekte planen:

***1* Elektrische Bohrmaschine:** Wenn Sie Latten (z.B. für eine Pergola) an der Hauswand befestigen möchten, brauchen Sie eine (Schlagbohr-)Maschine.

2 Stichsäge: Für kleine, schnelle Schnitte und vor allem dann ein Muß, wenn Sie Rundungen schneiden möchten oder aus einer Platte etwas herausschneiden müssen.

3 Kreissäge: Zum problemlosen Schneiden von Brettern und Leisten, Schnittiefe je nach Modell bis 65 mm. Auch für Gehrungs- und Winkelschnitte geeignet.

4 Powerfeile: Zum Schleifen, Feilen und Raspeln ideal, besonders an schwer zugänglichen Stellen, auch zum bequemen Ausfeilen von Schlitzen und Nuten.

5 Bandschleifer: Damit lassen sich bequem (gebrauchte) Latten und Bretter schleifen bzw. glatthobeln. Die Breite des Schleifbandes beträgt 75 mm. Schleifbänder gibt es in Körnungen von 40 (sehr grob) bis 280 (sehr fein).

6 Werkbank: Hier lassen sich Werkstücke in allen Formen fest einspannen und bearbeiten. Gewicht ca. 15 - 20 kg, daher relativ leicht zu transportieren.

1

2

3

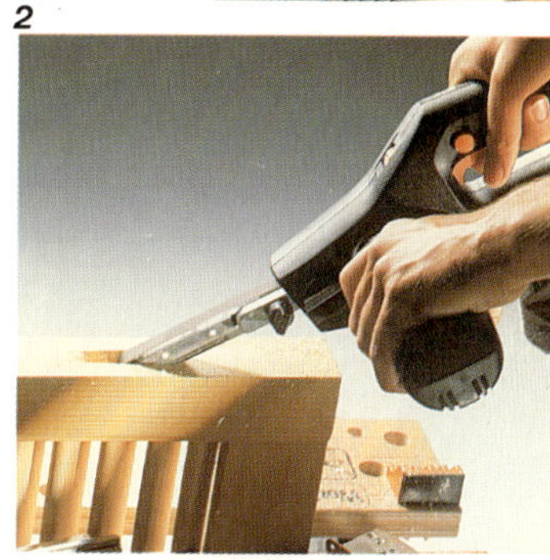

4

5

6

Damit der Strom auch fließt

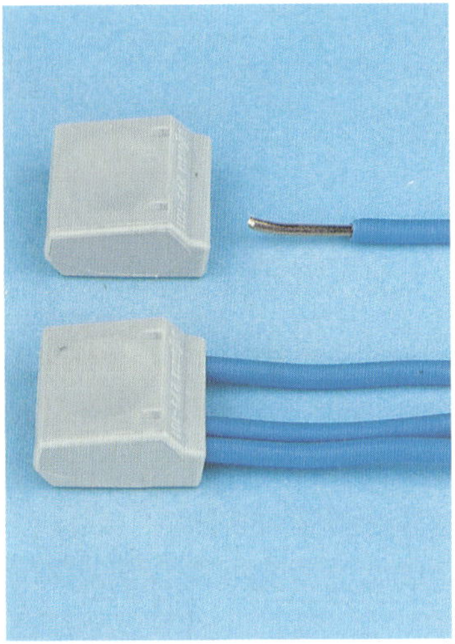

1

Abisolieren starrer Leitungen

Zum Abmanteln von Mantelleitungen können Sie folgende Werkzeuge benutzen: **Kabelmesser** mit einstellbarer Schnitttiefe, ein Kabelklappmesser oder eine **Abmantelzange.** Ritzen Sie den Mantel rundum ein. Biegen Sie die Leitung an dieser Stelle um, dann bricht der Mantel an der Einkerbung und kann abgezogen werden. Das weiche **Leitungsfüllmaterial** können Sie mit der Hand abziehen.

Zum **Abisolieren** der Aderenden verwenden Sie dann eine **Abisolierzange.** Die Feststellschraube muß dabei auf den Durchmesser der Ader eingestellt werden. Wichtig: nur die Isolierung, nicht aber den Kupferleiter einschneiden. Einkerbungen am Leiter können leicht dazu führen, daß der Leiter bricht.

Leiter verklemmen

Der eigentliche elektrische Anschluß erfolgt durch das sog. Verklemmen der Leiter. Wichtig dabei: Die Leiter brauchen einen festen und sicheren Kontakt. Wackelkontakte führen zu einer starken Erwärmung und sind eine Ursache für Brände.

1 Schnell und sicher stellen Sie den Kontakt mit schraublosen **Steckklemmen** her. Dazu müssen Sie den Leiter 11 mm lang abisolieren und in die Klemme stecken. Je nach Ausführung können so zwei bis acht Leiter miteinander verbunden werden. Zum Lösen ziehen Sie den Draht einfach unter Drehung aus der Steckklemme.

2 Bei **Dosenklemmen** werden die blanken Adern mit der Kombizange leicht verdrillt. Die Klemmschraube muß fest angezogen werden. Aber: Vermeiden Sie starke Quetschungen der Leiter, da sie zu Drahtbrüchen führen können.

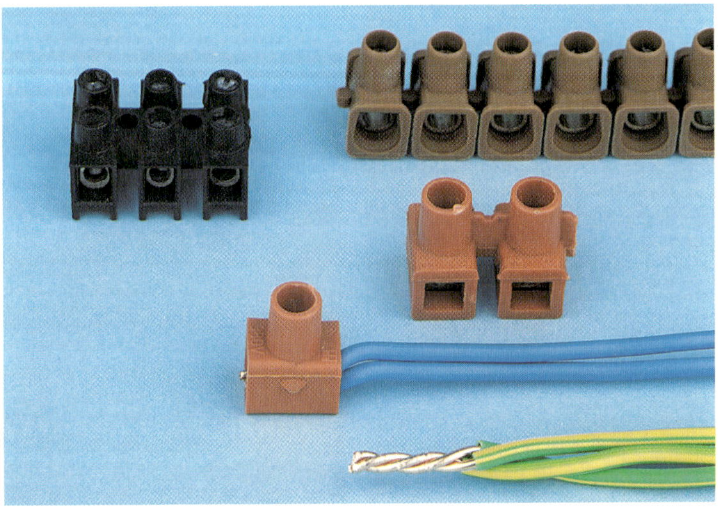

2

Ohne Zement & Co. geht's nicht

Um einer Pergola die nötige Stabilität zu geben, müssen Sie die Pfostenanker **einbetonieren.** Beton benötigen Sie auch, um **Palisaden** bzw. **Stützwänden** festen Halt zu geben und um beim Teich- und Bachbau Mauern zu ziehen bzw. größere Steine miteinander dauerhaft zu verbinden.

Braucht festen Halt: Palisadenstützwand zum Niveauausgleich

Was Sie über Beton und Mörtel wissen sollten

Beton und Mörtel bestehen aus Zement und Zuschlagstoffen, das sind Kies in verschiedenen Körnungen, Sand und Wasser.

Zement

Zement läßt sich im Baustoffhandel leicht beschaffen. In Bau- und Heimwerkermärkten werden Sie sicher auch fündig, doch bietet man dort lieber gleich eine Fertigmischung an, statt Kies und Sand einzeln ins Sortiment aufzunehmen. (Wenn Sie größere Mengen benötigen, fahren Sie mit der „Eigenmischung" aber wesentlich günstiger.) Zement wird in stabilen Papiersäcken mit einem Gewicht von 50 kg angeboten. Fertigmischungen und Putze findet man auch in Gebinden ab 25 kg. **Für einfache Fundamente reicht Zement Z 35 F aus.**

Sand und Kies

Sand und Kies sind leichter zu bekommen, wenn Sie gleich einige Kubikmeter bestellen. Selbst innerhalb eines Ortes bestehen oft große Preisunterschiede, deshalb sollten Sie vorher mehrere Angebote einholen. Und wenn Sie gleich noch sagen, wozu Sie das Material brauchen, liefert der Baustoffhändler automatisch die richtige **Körnung** von Sand und Kies.

Wasser

Grundsätzlich sollten Sie nur sauberes Wasser zum Anmachen von Beton verwenden. Zum Abbinden brauchen Zement und Zusatzstoffe nur wenig Wasser.

Für den Gartenbau und die auf der nächsten Seite vorgestellten Fundamente reicht Beton der unteren Güteklasse aus. Obwohl Beton schon nach einem Tag bearbeitet werden kann, d. h. auf ihm kann gemauert werden, erlangt er seine volle Härte und Festigkeit erst nach 28 Tagen. Je besser Sie den frischen Beton verdichten, d.h. stampfen, umso fester wird er dann später auch.

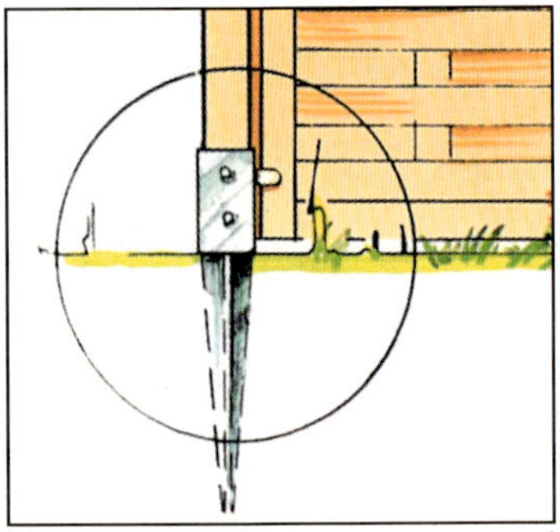

1

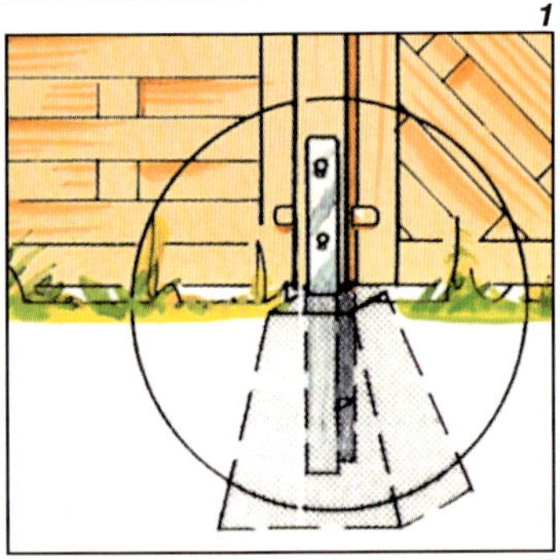

2

3

Speziell für den Pergolenbau

Die Pfostenträger, Betonanker und Mauerbefestigungen, die Sie brauchen, um Pfosten fest und sicher einzubetonieren, gibt es bereits feuerverzinkt, aus Edelstahl, eloxiert und mit Kunststoff überzogen zu kaufen. Am besten gegen Rost geschützt sind feuerverzinkte Teile. Wenn Ihnen die helle Legierung nicht gefällt, können Sie die Metallteile streichen. Feuerverzinktes Metall reiben Sie dazu erst einmal mit einem in Salmiak getränkten Lappen ab, lackieren, fertig.

1 Die 90 cm langen Bodenhülsen für Pfosten 9 x 9 cm werden einfach in den Boden eingeschlagen, fertig.

2 Pfostenanker mit fertigem Betonsockel 25 x 25 x 50 sind für schnelle, sichere Montage: Loch ausheben, Sockel hineinstellen, mit Wasserwaage und Richtschnur ausrichten, mit Erde auffüllen, feststampfen.

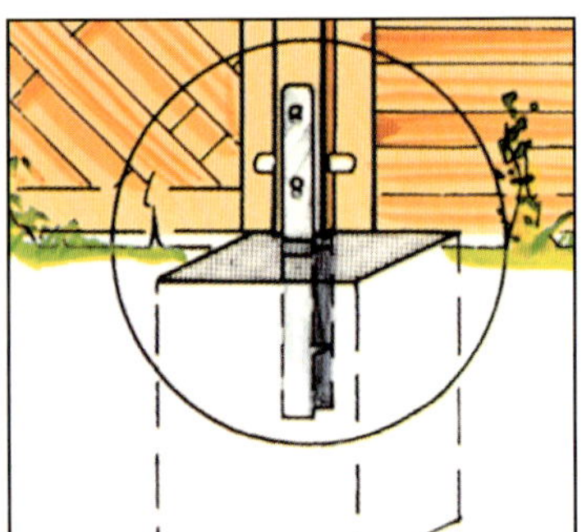

4

PROFITIP

Wenn Sie nur Punktfundamente brauchen, reicht es zum Beispiel, vier oder sechs Betonsteine in etwa 15 cm tiefe Löcher - genau waagrecht und im rechten Winkel ausgerichtet - zu setzen.
Füllen Sie in jedes Loch einen Viertel Sack Fertigzement und setzen Sie die Steine mit den Öffnungen nach unten ein.
Dann gießen Sie den Fertigzement mit einer Gießkanne vorsichtig an. Nach gut 24 Stunden sitzt Ihr Punktfundament garantiert bombenfest.

3 Wenn Sie eine Pergola auf einem vorhandenen Fundament aufbauen möchten, brauchen Sie einen Standfuß zum Aufschrauben. Diese gibt es für Pfosten verschiedener Stärke (60, 80, 90 und 120 mm) zu kaufen.

4 Betonanker zum Einbetonieren gibt es in U-Form und in H-Form. Die Anker werden ca. 30 cm tief einbetoniert und zählen zu den stabilsten Halterungen.

Gestaltungs-Tips mit Holz, Wasser und Licht

Eine Holzterrasse, auf Balken verlegt, führt ins Grüne. Ein sicherer, breiter Weg am dicht bewachsenen Teich vorbei

Es muß nicht immer Holz sein: Steinbrücke über den Gartenbach

Wirkungsvoll: Trog mit Wasserpflanzen

Wegebau mit alten Schwellen und Dielen, ideal für unebenes Gelände

Romantischer Weg aus Dielenbrettern

Holzsteg mit Abendbeleuchtung

Eine Seerose krönt jeden Gartenteich

Exotengarten: Balinesische Steinfigur

Asiatische Bambusrohr-Brunnen

Großer Sprudelstein

Mit runden Hölzern gestalten

Rund- oder Kantholzpalisaden sind ein vielseitig einsetzbares Gestaltungselement. Zur **Absicherung,** zur **Geländemodellierung,** zur **Uferbefestigung** bei Bächen, Teichen und Wasserfällen oder zur Gestaltung von abgeschlossenen Zonen. Wenn Sie den Gemüsegarten vom Kompostplatz, die Sitzecke vom Kinderspielplatz abtrennen wollen oder eine attraktive Teichrandgestaltung haben möchten, dann sind Palisaden genau das Richtige für Sie. Gerade bei der Geländemodellierung müssen Sie sorgfältig planen und bauen, denn beim sog. Hangverbau (z.B. Bachbau mit Wasserfall) kommt es mitunter zu hohen statischen Belastungen. Bei größerem Erddruck empfiehlt sich eine Neigung zum Hang von etwa 5° bis 10°.

• Zuerst müssen Sie einen Graben ausheben, der mindestens 1/3 der Palisadenlänge (+ 20 cm für eine Drainageschicht) tief sein muß. Bei einer 1,2 m langen Rundpalisade müssen Sie also 60 cm tief graben, um der Palisadenwand später die nötige Stabilität zu geben.

Einbau bei unterschiedlichem Geländeniveau

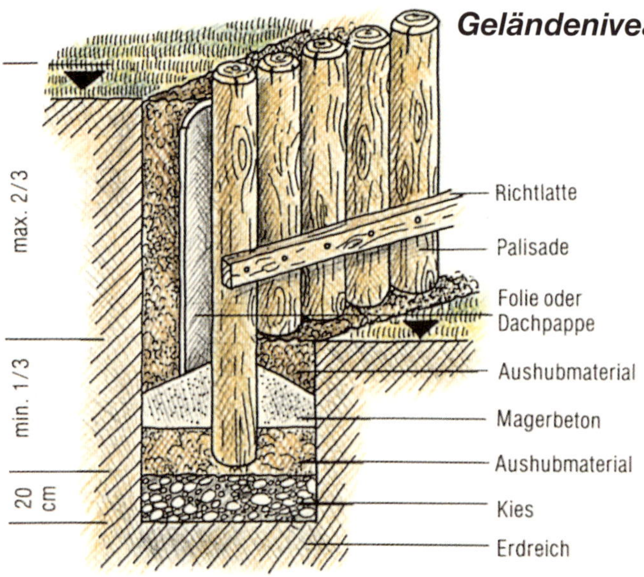

Material

Langzeitpalisaden, Fertigzement oder Beton, Folie oder Dachpappe, Kies

Werkzeuge

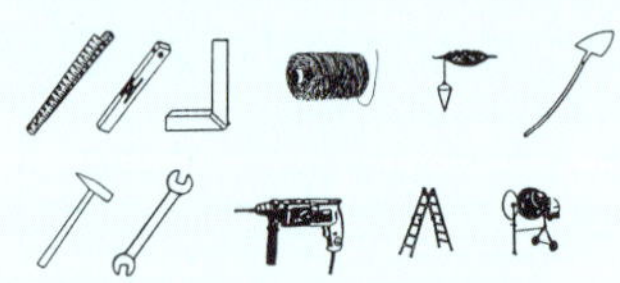

Schwierigkeitsgrad

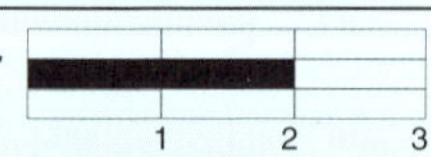

Kraftaufwand

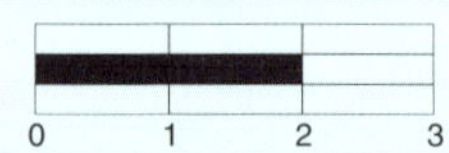

Arbeitszeit

Hängt von den lfd. Metern ab. Einen Tag müssen Sie mindestens veranschlagen.

Ersparnis

Palisaden kosten zwischen 2,50 Mark (40 cm) und 100 Mark (3 m). Sie sparen die Lohnkosten.

• Danach eine etwa 20 cm starke **Kiesschicht** einfüllen, die dafür sorgt, daß das Wasser schneller und besser versickert. Denn Palisaden, auch wenn sie noch so gut druckimprägniert sind, mögen keine nassen Füße.

• Die Palisaden stellen Sie dann dicht an dicht, neigen sie leicht gegen den Hang. Wenn Sie die Rund- bzw. Kanthölzer ausgerichtet haben, heften Sie eine **Richtlatte** an, um die Palisaden zu fixieren.

• Danach bringen Sie Aushubmaterial im ersten Drittel der Einbautiefe ein. Darauf kommt eine Schicht **Magerbeton** (ebenfalls 1/3 der Einbautiefe).

• Auf der Seite, die später von Erde oder - beim Teich- und Bachbau mit Wasser - bedeckt sein wird, heften Sie **Dachpappe** bzw. die **Teichfolie.** Damit verhindern Sie, daß Erde durchrieselt oder ausgewaschen wird bzw. daß die Palisadenhölzer permanent dem Wasser ausgesetzt sind.

• Jetzt füllen Sie in den Graben restliches Aushubmaterial und stampfen es gut fest. Die Richtlatte können Sie wieder entfernen.

Palisaden eignen sich ganz hervorragend zur Ufereinfassung

Die Folie aufs rechte Maß gebracht

Romantischer Gartenbach

Der Bau eines Gartenteiches ist heutzutage kein Hexenwerk mehr. Durch die zahlreichen Hilfen, die Industrie und Fachhandel anbieten, ist er fast zu einem Kinderspiel geworden. Wenn Sie ein paar Grundregeln beim Bau Ihres Gartenteiches beachten, kann eigentlich kaum etwas schief gehen.
Wenn Sie sich für eine **Teichfolie** entschieden haben, müssen sie zunächst die richtige Foliengröße errechnen.

PROFITIP
Viele Firmen rechnen Ihnen als Serviceleistung die erforderliche Foliengröße aus, so z. B. Aguaplan. Sie brauchen lediglich die Grundmaße angeben.

Dazu haben Sie drei alternative Möglichkeiten: die **Oberflächenmessung**, die **Profilmessung** und die **Versatz-Profilmessung**.

Oberflächenmessung

Die Oberflächenmessung wenden Sie dann an, wenn Sie den Teich noch nicht modelliert haben, seine Umrisse jedoch kennen.
Länge und Breite der Folie ermitteln Sie mit folgender Formel:
Länge der Teichmulde plus doppelte Tiefe plus Überlappung = **Länge der Teichfolie**.
Breite der Teichmulde plus doppelte Tiefe plus Überlappung = **Breite der Teichfolie.**
Ein Beispiel: Ihre Teichmulde mißt 4 Meter, die größte Tiefe der Teichmulde 1 Meter. Dann rechnen Sie 4 Meter plus 2 Meter (doppelte Tiefe der Mulde) plus 0,60 Meter

Material

Teichfolie, Vliesmatte und/oder Sand, Natursteine, Wasser- und Uferpflanzen,Pflanzkörbe

Werkzeuge

Schwierigkeitsgrad

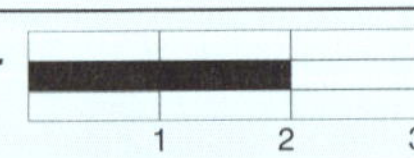

Kraftaufwand

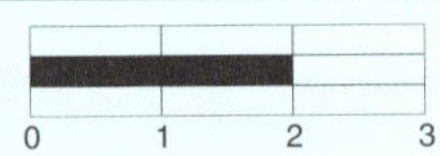

Arbeitszeit

Einen Folienteich können Sie in etwa 2 - 3 Arbeitstagen anlegen. Aufwendige Erdarbeiten extra.

Ersparnis

Die Ersparnis durch Eigenleistung liegt - je nach Größe zwischen 800 bis 1500 Mark.

Die letzten Arbeiten stehen noch an, dann ist der „Naturteich auf Folie“ fertig - ein kleines Naherholungsgebiet!

1

2

(Überlappung an beiden Seiten) = 6,60 Meter für die Länge der Folie.

Profilmessung

Die Profilmessung ist eine genaue Messung für modellierte Teiche mit regelmäßigen Formen. Sie ermitteln die Länge und Breite der Folie nach dem Profil des Teiches.

- Messen Sie den Teich an der tiefsten und breitesten Stelle. Sie stellen auf diese Weise die größte Länge und Breite fest.

- Geben Sie bei einer Foliengröße unter 100 Quadratmetern für Randumschläge und Falten pro Seite einen halben Meter zu. Bei Foliengrößen über 100 Quadratmetern werden pro Seite 1 Meter dazugerechnet.

- Die Länge und Breite bekommen Sie nun durch folgende Rechnung heraus: Größte Länge des Teiches plus doppelte Überlappung (0,5 oder 1 Meter) **= Folienlänge**.
Größte Breite des Teiches plus doppelte Überlappung (0,5 oder 1 Meter) **= Folienbreite**.

So kommt die Folie in den Teich

Wenn Sie Ihre Teichfolie gekauft haben, können Sie den Einbau in dieser Reihenfolge vornehmen:

1 Legen Sie zuerst die Umrisse des Teiches fest. Berücksichtigen Sie beim Ausheben der Grube schon die gewünschten Pflanzterrassen und Vertiefungen. Entfernen Sie sorgfältig Steine und das Wurzelwerk. **Sie sollten im Einzelfall prüfen, ob sich der Einsatz von Maschinen für die nun auszuführenden Erdarbeiten lohnt.** Die Zahl der Anbieter von Leihmaschinen aller Größenordnungen steigt ständig. Ein Blick in die Gelben Seiten hilft weiter.
Nach dem **Säubern** und **Planieren** wird eine etwa 10 cm starke **Sandschicht** festgestampft. Beim Bachlauf verfahren Sie ähnlich.

2 Legen Sie nun die Folie lose in die Teichmulde. Sie sollte an den Rändern etwa 30 cm überlappen und mit Steinen beschwert werden. Während Sie Wasser einlaufen lassen, heben Sie die Steine ab und zu an, damit die Folie nicht spannt.

3 Ziehen Sie die Folie in den Rundungen möglichst glatt, und entfernen Sie eventuelle Falten so gut es geht. Beschneiden Sie danach gleichmäßig die überschüssigen Ränder der Teichfolie. Dabei sollte wenigstens ein Rand von 30 cm stehenbleiben.

PROFITIP
Wenn Sie einen Bach anlegen, beginnen Sie am tiefsten Punkt, also am Bachende. Von dort arbeiten Sie sich langsam zur Quelle hinauf. Das Gefälle läßt sich so leichter aufbauen.

4 Nach etwa 24 Stunden hat sich die Folie soweit gesetzt, daß Sie den Uferrand in die Landschaft integrieren können, d.h. die Ränder der Teichfolie mit Steinplatten, Kieseln oder ähnlichen Materialien abdecken. Beispiele, wie so etwas aussehen kann, finden Sie auf den beiden folgenden Seiten.

3

4

Die Gestaltung von Bach- und Teichrand

So wird die Folie dicht

1

2

Wenn Sie einen größeren Teich planen oder auch ein breites Bachbett, bei dem die handelsüblichen Folienbreiten von 2, 4, 6 und 8 Metern nicht ausreichen, müssen Sie die Folie selbst verschweißen. Allerdings übernehmen die Hersteller für nicht im Werk verschweißte Bahnen oft keine Garantie.

Material

Teichfolie (Stärke je nach Beanspruchung zwischen 0,5 und 1,0 mm), Folienkleber (bei 10 cm Klebebreite benötigen Sie 50 g PVC-Kleber pro lfd. m)

Werkzeuge

Schwierigkeitsgrad

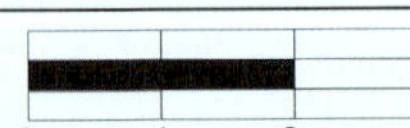

Kraftaufwand

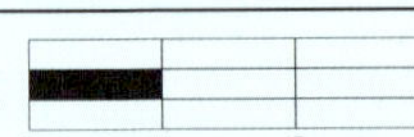

Arbeitszeit

Je nach Geschicklichkeit schaffen Sie pro Stunde 5 - 10 m.

Ersparnis

Sondermaße kosten pro Quadratmeter 2 bis 3 Mark mehr. Bei einem 100 m^2 -Teich sparen Sie also ca. 250 Mark.

1 Zum richtigen Schweißen, sprich Kleben mit einem Quellschweißmittel, müssen Sie zuerst die Bahnen richtig legen. Die Folienränder sollten etwa 5 - 10 cm überlappen.

2 Danach tragen sie den Kleber mit einem Pinsel auf die sauberen und trockenen Folienteile auf. Die fertigen Schweißnähte werden mit kleinen Sandsäcken oder ähnlichem beschwert.

SICHERHEITSTIP
Folienkleber und Quellschweißmittel sind bei falscher Anwendung gesundheitsschädlich.

- Halten Sie sich unbedingt an die Gebrauchsanweisung
- Niemals in geschlossenen Räumen arbeiten, nur im Freien
- Kinder und Tiere haben während der Arbeiten nichts bei Ihnen zu suchen
- Reste gehören unbedingt in den Sondermüll

3 „Nachhelfen“ können Sie mit Wärme. Dazu nehmen Sie am besten einen breiten Lötstab. Danach mit einer Rolle fest andrücken.

4 Und so sieht das fertig verschweißte Becken aus. Wichtig: Arbeiten Sie nur in Turnschuhen, um die Folie nicht zu verletzen.

3

4

Schalen bringen die rechte Form

Schon nach wenigen Wochen wird der Schalenteich zum Biotop

Eine Teichschale ist eine haltbare und solide Lösung, um Ihren Gartenteich in Form zu bringen. Sie besteht in der Regel aus einem dickwandigen, licht- und frostbeständigen Polyäthylen. Die Schalen gibt es in unterschiedlichen Größen und Ausstattungen.

Material

Fertige Teichschale bzw. -segmente, Sand, Natursteine, Wasser- und Uferpflanzen; Helfer!

Werkzeuge

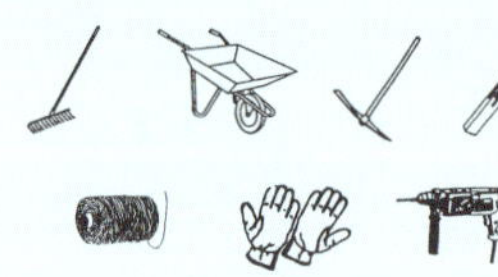

Schwierigkeitsgrad

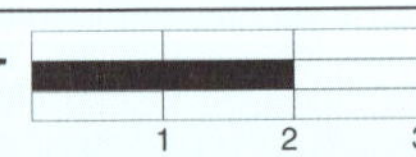

Kraftaufwand

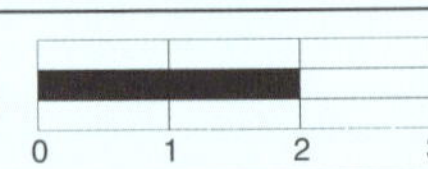

Arbeitszeit

Bei guter Vorbereitung müssen Sie (mit Helfern) etwa 2 - 3 Tagen Arbeitszeit veranschlagen.

Ersparnis

Selbermachen spart Ihnen mindestens um die 1000 Mark an Löhnen, die Bepflanzung nicht gerechnet.

Planung und Bau laufen in folgenden Arbeitsschritten ab:

1 Teichbecken gibt es aus einem Stück gefertigt oder aber aus **Elementen,** die Sie ganz nach Ihren Vorstellungen kombinieren können. Sie können mit den Elementen im Miniformat daheim in Ruhe planen, wie Ihr Teich bzw. Bachlauf aussehen soll. Einige Hersteller geben solche **Segment-Spiele** an Ihre potentiellen Kunden. Wenn Sie sich dann für eine bestimmte Form entschieden haben, wird bestellt.

2 Die **Teichsegmente** werden geliefert, müssen dann von Ihnen selbst montiert werden. Dazu steht der Teich erst einmal kopf, und wird seiner späteren Form nach zusammengesetzt. Bei größeren Erdarbeiten sollten Sie sich einen kleinen Bagger mieten. Der Aushub ist dadurch wesentlich weniger anstrengend und kräfteraubend. In diesem Stadium übertragen Sie dann die Konturen der Teichschale auf den Boden.

3 Dann geht es an die Montage der einzelnen Segmente. Die Bohrungen sind meist bereits vorgestanzt, Sie müssen also nur noch das Dichtmaterial (nach Herstelleran-

1

2

3

4

gabe) auf die Kontaktflächen auftragen und mit den mitgelieferten Schrauben und Muttern die Segmente zusammenschrauben.

4 Danach, oder wenn Sie Helfer haben, auch gleichzeitig, wird die abgesteckte Fläche ausgegraben. Berücksichtigen Sie dabei eventuelle Zusatzmulden im Beckenboden. Heben Sie die gesamte Grube etwas tiefer aus, damit Sie Sand

ÖKOTIP

Wählen Sie den Standort Ihres Teiches so, daß die Sonne das Gewässer täglich zwischen vier und sechs Stunden bescheint. Nur so werden die blühenden Teichpflanzen, allen voran die Seerosen, ihre Blüten in voller Pracht entfalten. Ein Platz im Schatten oder unter Bäumen verhindert, daß sich Ihr Teich voll entfalten kann.

zum Ausgleichen verwenden können. Wurzeln, Steine, Zweige und sonstige spitze Gegenstände entfernen. Zunächst am Boden eine **Sandschicht** aufbringen. Nun den Teich anpassen und genau mit einer Schlauchwasserwaage nivellieren. Lassen Sie bis zu einer Höhe von etwa 5 cm Wasser einlaufen, und überprüfen Sie noch einmal die waagerechte Lage. Zwischen der Grube und der Teichschale wird Sand, Kies oder Aushub angefüllt und das Becken zu einem Viertel mit Wasser gefüllt bis es fest in der Mulde aufliegt.

5 Nachdem der Teich sich durch das Gewicht des Wassers gesetzt hat, wird der Rand eingeschlemmt, bis das Becken überall fest aufliegt. Denn sonst können mechanische Beanspruchungen durch freiliegende Bodenteile entstehen - und das Becken über kurz oder lang undicht werden. Vorsicht: Bei leerem Becken schwimmt der Teich auf, Sie müßten dann noch einmal von vorne Ausgraben.

6 Der **Beckenrand** kann nun mit der ausgehobenen Erde, Pflanzen und Steinen abgedeckt werden.
Um den fertigen Teich mit Pflanzen zu bestücken oder um eine Springbrunnenpumpe einzusetzen, sollte das Becken, wenn möglich, noch einmal geleert werden. Eine Springbrunnenpumpe leistet hier gute Dienste. Schließen Sie statt der Düse einfach einen Schlauch an den Druckstutzen der Pumpe an. Bereits kurz nach dem Befüllen des Teiches stellen sich die ersten Besucher ein: Insekten.

5

6

Richtig bepflanzter Teich. Was Sie am Anfang zuviel einsetzen, müssen Sie schon bald auslichten.

Bachbau mit Fertigelementen

Eine relativ einfache Variante zum natürlich gestalteten **Bachlauf** sind die geformten Fertigteile aus Naturstein oder Kunststoff. Im Handel als **„Bachschalen"** erhältlich. Diese Schalen sind z.B. 1,25 m lang, 65 cm breit und etwa 10 cm tief. Sie können dabei mehrere Schalen zu einem beliebig langen Bachlauf kombinieren. Das Material ist entweder aus Stein oder aus GFK-Kunststoffen, die besandet geliefert werden. Mit diesen Fertigschalen entfällt das mühsame Abdichten des Bachlaufs mit Teichfolie. Auch müssen Sie den Lauf des Wassers nicht so exakt vorausplanen, denn der ist durch die Form der Bachschalen vorgegeben. Allerdings müssen Sie die einzelnen Elemente richtig austarieren, damit auch ein kontinuierlicher Wasserlauf gewährleistet ist.

Vielleicht möchten Sie am Bachende einen kleinen **Wasserfall** einbauen? Dazu müssen Sie ein stufenförmiges, nicht zu steiles Gefälle planen, damit am Ende des Bachlaufs noch ausreichend Fallhöhe für den Wasserfall vorhanden ist. Mit den Bachschalen läßt sich so eine Anlage relativ einfach herstellen. Das **Grundschema** können Sie der Illustration unten entnehmen. Ganz professionell ist es natürlich, wenn Sie das Becken, von dem aus die Bachquelle gespeist wird, mit einem **Abdeckrost** versehen, den Beckenboden mit einem Bodenablauf mit Stopfen ausrüsten. Und die „Quelle" aus einem Überlaufkasten speisen. Dann wird auch die **Wartung** von Teich, Bachlauf und Tauchmotorpumpe nicht zum Problem.

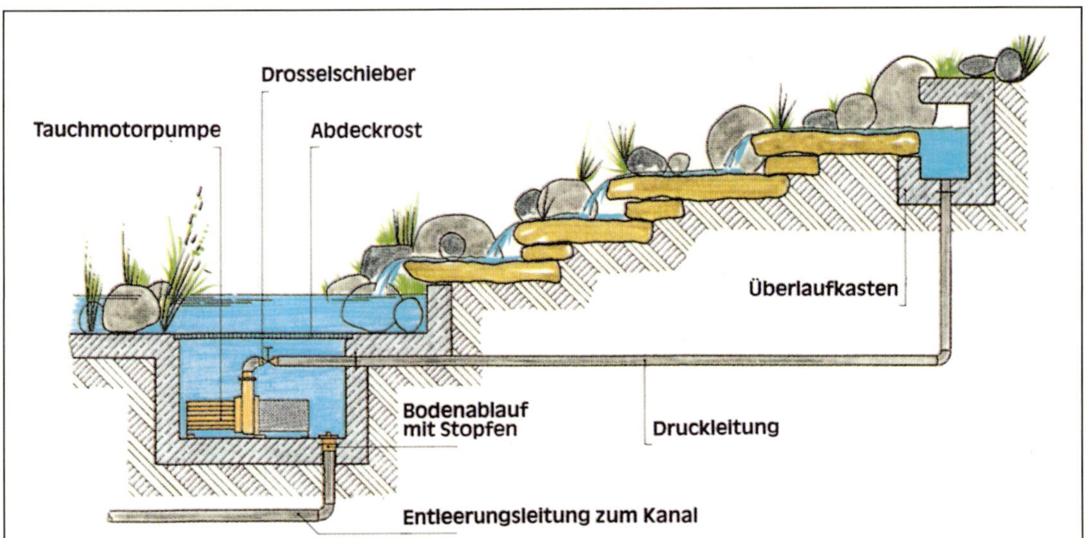

So sollte ein Bachlauf aus Fertigelementen idealerweise aufgebaut sein

Spot an...

Ins rechte Licht gerückt wird der Garten zur stimmungsvollen Kulisse

So kann sich Ihr Gartenteich in einem neuen Licht zeigen: mit einem oder mehreren Scheinwerfern, über oder unter Wasser beleuchtet, bietet er eine stimmungsvolle Kulisse - nicht nur für abendliche Parties und Grillfeten. Setzen Sie ganz einfach kleine Halogenschweinwerfer (im Fachhandel) an Teich- oder Bachrand beziehungs-

Material

Unterwasserscheinwerfer mit Halogenbirnen und Wechselspannungsnetzteil 230V/12V (im Fachhandel als Set erhältlich).

Werkzeuge

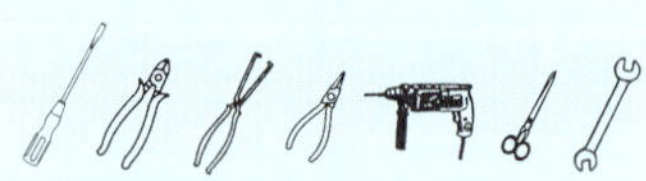

Schwierigkeitsgrad

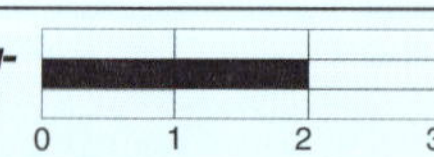

Kraftaufwand

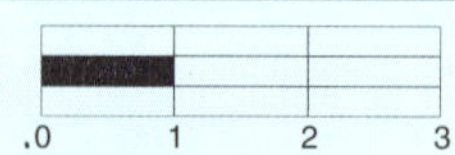

Arbeitszeit

Wenn alles gut vorbereitet ist, schaffen Sie Montage und Anschluß in einer guten Stunde.

Ersparnis

Sie sparen eine Stunde Elektriker, also ca. 60 - 80 Mark. Aber: Prüfen Sie, ob Sie's wirklich können!

weise direkt ins Wasser. Den **Ausstrahlwinkel** der Leuchten können Sie variieren: vom Punktstrahl bis zum breiten, großflächigen Lichtkegel. Nach der Montage lassen sich die Scheinwerfer in jede gewünschte Richtung drehen. Die Halogenleuchten sind absolut wasserdicht und witterungsbeständig.

Und so wirds gemacht:

1, 2 Die Scheinwerfer werden mit einem Standfuß und einem Erdspieß geliefert. Beide können Sie mit einer Schraube am Lampengehäuse befestigen. Vorsicht: Die Scheinwerfer immer am Gehäuse, nie an der Anschlußleitung tragen.

SICHERHEITSTIP
Wenn Sie Halogenleuchten außerhalb des Wassers einsetzen möchten, müssen Sie unbedingt einen Mindestabstand von 50 cm von brennbaren Gegenständen einhalten.

Den Lichtkegel können Sie stufenlos zwischen 10 und 40 Grad verstellen. Dazu drehen Sie das Lampengehäuse gegen das Anschlußgehäuse, jeweils bis zum Anschlag. **Aber:** Keinesfalls den Lampenring lösen!

1

2

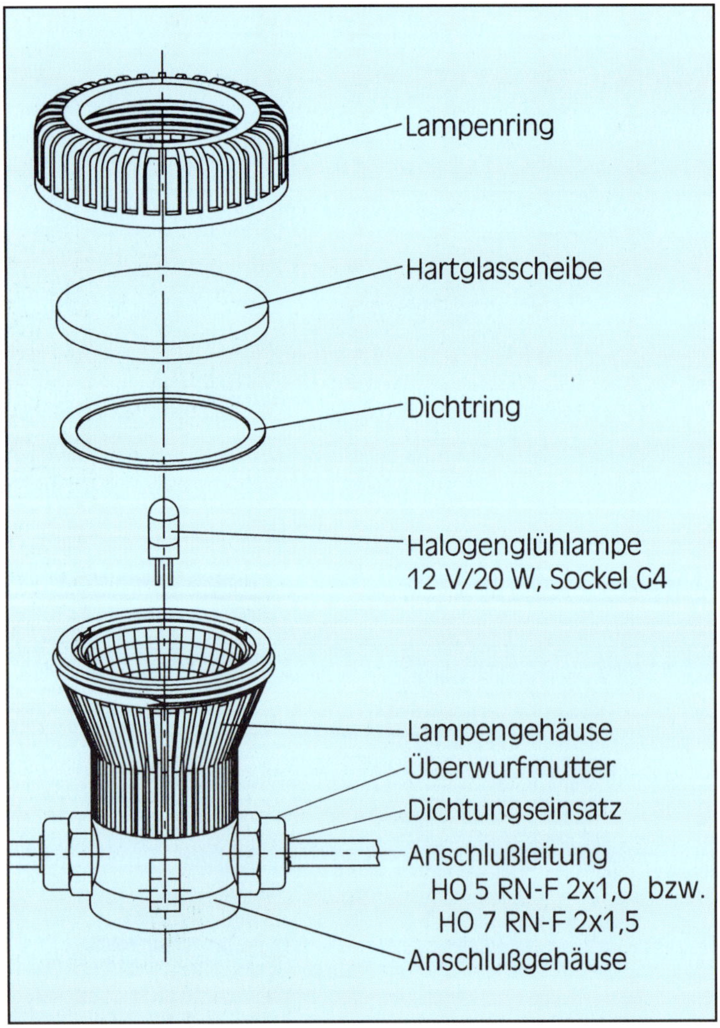

3

Die Halogenscheinwerfer werden mit einem **Sicherheitstransformator** betrieben. Sie brauchen also nur den Stecker an eine Steckdose anzuschließen. Gut geeignet dazu ist ein „Steckerstein“ (siehe Materialkunde, S. 44). Achten Sie dabei aber unbedingt auf eine trockene Umgebung der Anschlußkabelstellen.

3 Wenn Sie mehrere Unterwasserscheinwerfer **direkt an das Stromnetz** anschließen möchten, müssen Sie die Kabeldurchführung und den Deckel des Anschlußgehäuses entfernen. Zuerst die Überwurfmutter, dann den Dichtungseinsatz auf die Leitung schieben. Dabei sollte der Mantel der Anschlußleitung mindestens 5 mm aus der Kabeldurchführung nach innen schauen. Jetzt die beiden Anschlußschrauben lösen. Die Leitung durch die dafür vorgesehene Öffnung führen und die Leitungsenden (vorher mit Aderendhülsen versehen !) mit den Anschlußschrauben fest verklemmen. Zum Schluß werden Deckel, die Flachdichtungen des Anschlußgehäuses sowie die beiden Überwurfmuttern fest verschraubt. **Für diese Arbeit sollten Sie einen Elektrofachmann zu Rate ziehen.**

Lauschiges Plätzchen aus Zedernholz

Material

Holz: Western Red Cedar (die Längen ergeben sich aus der von Ihnen geplanten Konstruktion, s. Skizze Seite 76). Pfosten 7 x 7 cm, Sattelbalken und Sparren für das Gerüst der Pergola 4,5 x 7 cm; für den Pflanztrog 2,6 x 14 cm starke Bretter, 3,5 x 2 und 2 x 2 cm starke Leisten; für die Bänke 4,5 x 7 cm und 2 x 9 cm starke Kanthölzer sowie 2,6 x 14 cm starke Bretter. Verzinkte Beschläge verwenden.

Werkzeuge

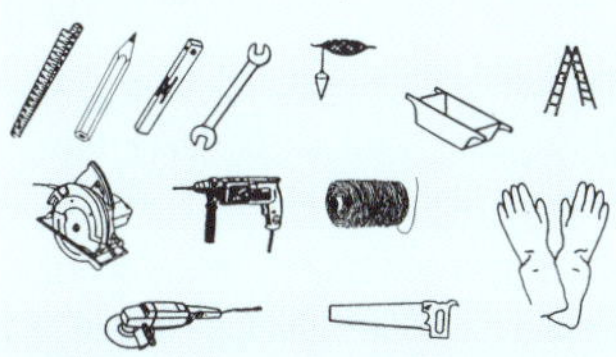

Schwierigkeitsgrad

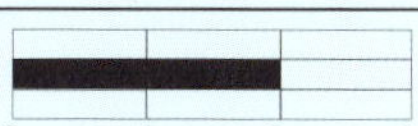

Kraftaufwand

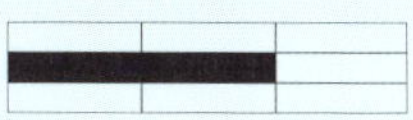

Arbeitszeit

Wenn Sie systematisch arbeiten, müssen Sie für diese Pergola etwa 3 bis 4 Arbeitstage veranschlagen.

Ersparnis

Sie sparen durch Ihre Eigenleistung Lohn für 24 bis 32 Stunden, also ca. 1500 bis 2000 Mark.

Eine Pergola mit Blumenfenster, hinter das Haus, an eine Garage oder ein Gartenhäuschen gesetzt, bietet ein schattiges, lauschiges Plätzchen. Und wenn Sie dann auch noch für die richtige Beleuchtung sorgen, kommen am Abend nicht nur Ihre Pflanzen zur Geltung. Freunde und Nachbarn werden sich sicher gern auf ein abendliches Bier, zum Kartenspiel oder ganz einfach zum Fachsimpeln einstellen. Vielleicht über Gartengestaltung und die eigenen Do-it-yourself-Erfahrungen!

Schon in wenigen Jahren wird das Dach der Pergola schattig begrünt sein

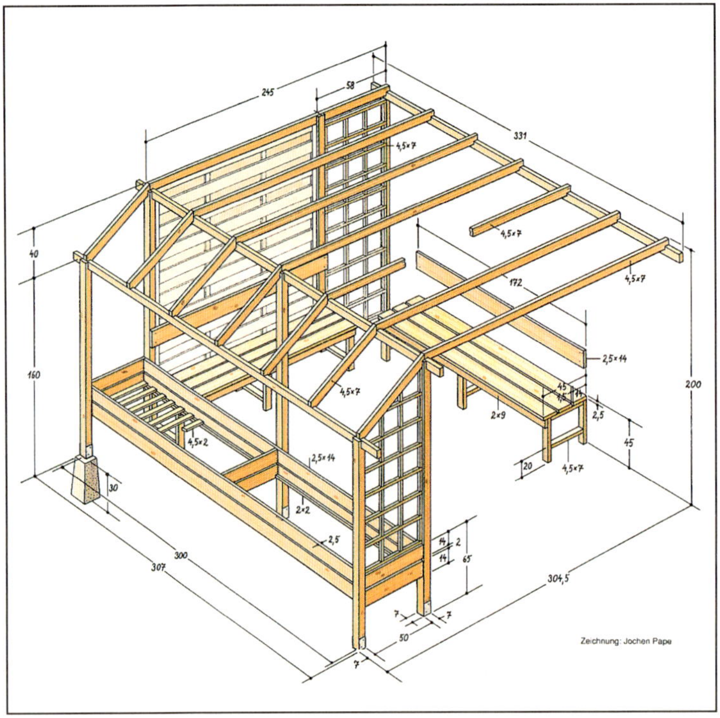

In der Zeichnung sind die Materialstärken für die Pergola-Bauteile entsprechend dem Angebot, das Sie im Fachhandel vorfinden angegeben.
Die Abmessungen der Pergola können Sie natürlich je nach der Situation vor Ort verändern.

Und so wird's gemacht:

1 In das neu angelegte oder vorhandene Pflaster aus Betonsteinen werden Fertigfundamente für die Pfostenanker eingesetzt und mit Sand und Kies im Boden fest verkeilt. Die Pfostenanker mit der Wasserwaage genau ausrichten, wenn sie mit Blitzzement in die Fundamente einzementiert werden. Die durchlaufende Richtlatte solange liegen lassen, bis der Zement ausgehärtet ist.

2 Die Pfosten mit einer Schraubzwinge in genau senkrechter Position fixieren, die Schraublöcher vorbohren und die Holzschrauben mit Sechskantkopf eindrehen.

3 Die Kopfenden der Pfosten sind bereits im Sägewerk ausgeklinkt worden. Das vereinfacht die Befestigung der 4,5 x 7 cm starken Sattelbalken. An der Hauswand wird ein Sattelbalken mit Dübeln und Schrauben befestigt. Die Dachsparren werden aufgelegt und mit Winkelblechen an den Sattelbalken geschraubt.

PROFITIP
Mit einer Kappsäge gelingt das Ablängen der Bauteile für die Sitzbänke und die anderen Bauteile am genauesten. Die Drehscheibe läßt sich auf alle Gehrungswinkel einstellen.

4 Die Sparren müssen Sie vorher an beiden Schmalseiten ausklinken, ehe sie auf die Sattelbalken aufgesetzt werden. Etwa ein Drittel der Materialstärke abtragen, damit eine sichere Holzverbindung entsteht. Vorne eine schlanke Spaxschraube eindrehen.

5 Die schräg laufenden Sparren über den Pflanztrögen müssen sehr genau eingepaßt werden: die

Hölzer mit Schraubzwingen beim Anreißen mit dem Bleistift fixieren. Länge und Ausklinkung müssen exakt stimmen. Erst wenn Sie alle Sparren mit Stecheisen und Feinsäge sauber ausgearbeitet haben, werden sie von oben mit Spaxschrauben festgeschraubt.

6 Die Wände der Pflanztröge bestehen aus je zwei Brettern, von innen an die Pfosten geschraubt. Bündig mit der Unterkante werden Leisten als Auflage für den Boden befestigt. Den Boden der Pflanztröge bilden 4,5 x 2 cm starke Leisten, die flach mit etwa 2 cm Abstand an die Lagerleisten geschraubt werden. Ideal für Balkon- und Kübelpflanzen.

7 Spezialwinkel mit angesetzter Holzschraube verbinden Pfosten und Flechtzaun (180 x 180 cm).

8 Je drei Bretter 2,6 mal 14 cm bilden die Sitzflächen der Bänke; 4,5 mal 7 cm starke Kanthölzer werden für die Untergestelle als Rahmenteile zusammengeschraubt. Ein 2 mal 9 cm starkes Blendbrett an der Vorderkante der Bänke festigt die Verbindung zwischen der Sitzfläche und den H-förmigen Untergestellen.

1

2

3

4

5

6

7

8

Gartenteich mit Einblick

Nur Geduld: Bald ist der Teich mit Einblick eine richtige Wunderwelt

Ein Gartenteich? Schön und gut. Da sieht man das Leben und Treiben auf der Oberfläche, wie die Wasserpflanzen gedeihen, vielleicht mal einen Frosch hüpfen - und die eingesetzten Fische, die knapp unter dem Wasserspiegel

Material

Fertigteichschale (1 Segment, ev. mehr), Plexiglasscheibe in Beckenbreite und -höhe, Nirosta-Stahlschrauben 10 x 40 mm, Muttern, Beilagscheiben, Silikon

Werkzeuge

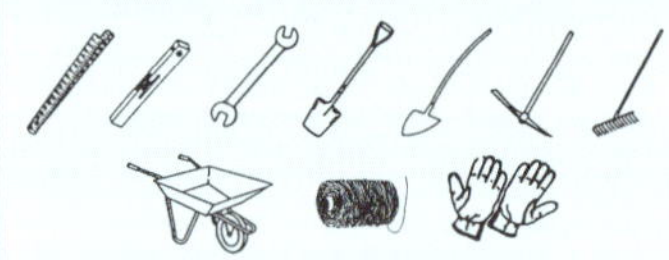

Schwierigkeitsgrad

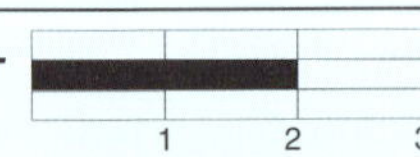

Kraftaufwand

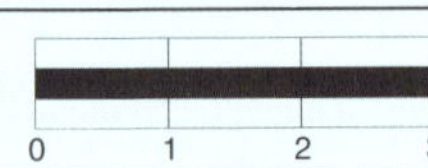

Arbeitszeit

Bei einer ca. Arbeitszeit von 8 Std. brauchen Sie (ohne Erdaushub) ca. ein Wochenende.

Ersparnis

Individuelle Anfertigung. Sie sparen die Lohnkosten für mindestens 6 Stunden (= ca. 300 Mark).

1

2

schwimmen. Wie es aber drinnen zugeht, das kann man nur erahnen. Es sei denn, Sie bauen sich dieses „Freiluft-Aquarium" nach.

Und so wird's gemacht:

1 Die Größe des Loches, das Sie ausheben müssen, ergibt sich aus den Maßen des Fertigteich-Segments. Das Becken sollte mindestens 80 cm hoch sein (Frosttiefe!). Dazu müssen Sie noch ausreichend Platz (mindestens 3 x 1,5 m) für den **tiefergelegten Sitzplatz** vorsehen, der später vor der durchsichtigen Beckenwand liegen wird. Leichter geht der Aushub, wenn Sie sich einen **Minibagger** ausleihen (ab 150 Mark die Stunde, Adressen finden Sie auf den „Gelben Seiten"). Wenn Sie das Loch per Hand ausschaufeln möchten, sollten Sie zusätzlich ein paar kräftige Helfer engagieren.

2 Danach eine Sandschicht einfüllen und das Beckensegment mit Schnurgerüst und Wasserwaage genau austarieren. Die Zwischenräume mit Aushubmaterial ausfüllen (s. Seite 66, Einbau von festen Teichbecken). Wenn Sie einen größeren Teich mit Einblick möchten, können Sie ein weiteres Segment anfügen.

3, 4 Eine Plexiglasscheibe (mindestens 20 mm stark, Preis pro m^2 ca. 430 Mark) wird dann an dem Beckensegment befestigt (die Maße richten sich nach der Teichschale). Dazu den Zwischenraum gut mit Silikon ausfüllen, die Scheibe ebenfalls mit der Wasserwaage austarieren und mit Schraubzwingen fixieren. Mit einem 10 mm starken (Metall-) Bohrer, jeweils in der Mitte des Wulstes, im Abstand von etwa 10 cm die Schraublöcher bohren. Mit 10 mm starken Stahlschrauben, Beilagscheiben und Muttern (alles nicht rostend!) werden Becken und Plexiglasscheibe fest miteinander verschraubt.
Die Scheibe sollten Sie gleich mit „gebrochener Oberkante" bestellen. Das kostet pro laufendem Meter etwa 20 Mark, schützt aber vor Verletzungen. Die meisten kunststoffverarbeitenden Betriebe (s. „Gelbe Seiten") bieten diesen Service an und liefern auch „frei Haus". Denn die beschriebene Platte wiegt immerhin fast 60 Kilo!

PROFITIP
Lassen Sie die Folien, die das Plexiglas vor Kratzern schützen, während der Montage möglichst lange als Schutz auf der Platte.

3

4

5

6

5 Der Sitzplatz vor dem Becken wird mit Sand als Untergrund für den Bodenbelag aus Steinplatten oder Rundholz-Holzpflaster etc. eben abgezogen. Allerdings mit einem leichten Gefälle, damit Regenwasser abfließen kann. Die Umrisse der Teichschale können Sie gut mit großformatigen Steinen gestalten. Das ergibt zusätzlichen Halt. Einfassung mit Palisaden.

ÖKOTIP
Unterwasserpflanzen klären das Wasser im Gartenteich sehr stark, Sie sparen sich so allerlei chemische Zusätze. Noch besser, Sie setzen Teichmuscheln ein. Die sorgen für ein ökologisches Gleichgewicht und halten das Wasser sauber.

6 Die ideale Teichbepflanzung ist eine sorgfältig ausgewählte Mischung aus **Teich-** und **Uferpflanzen.** Wasserpflanzen produzieren **Sauerstoff,** sind also wichtig im natürlichen Haushalt der Teichanlage. Uferpflanzen in der Sumpf- und Feuchtzone filtern **Phosphor** und **Nitrat** aus dem Boden. Sie schützen den Teich vor Wind und geben vielen Kleintieren Unterschlupf.

Wo der Wildbach rauscht...

Ein Bach bringt Bewegung in den Garten - und läßt sich, wenn bereits abfallendes Gelände vorhanden ist, ganz einfach anlegen. Natürlich können Sie Ihren Garten auch modellieren, etwa mit dem Aushubmaterial für den Gartenteich!

Material

Teichfolie nach den ermittelten Maßen, Tauchpumpe (Literleistung zwischen etwa 500 und 2000 Litern), Pumpschlauch, Gestein, (Außen-)Filter nach Bedarf

Werkzeuge

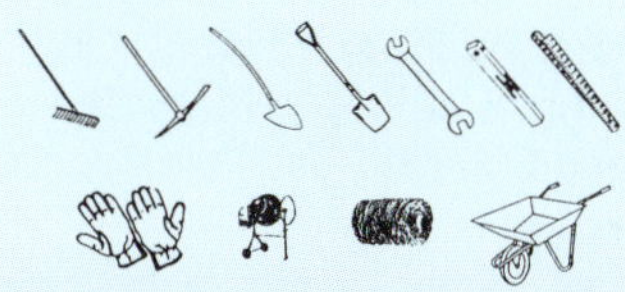

Schwierigkeitsgrad

0 1 2 3

Kraftaufwand

0 1 2 3

Arbeitszeit

Für einen Teich mit Bachzufluß müssen Sie etwa 1 Woche Arbeit veranschlagen.

Ersparnis

Sie sparen bei Eigenleistung min. 2500 Mark. Regiearbeiten wie Ausbaggern kosten etwa 65 Mark/Std.

Beispiel für einen Gartenteich mit Bachzufluß und kleinem Wasserfall

1

2

Ein künstlicher Bach ist nichts anderes als die Verbindung zweier Wasserstellen, der **Quelle** am oberen Ende, etwa einem Becken oder Brunnen, und dem **Ziel,** einem Trog oder Gartenteich. Damit das Wasser auch fließt, müssen Quelle und Teich per **Schlauch** oder festverlegter **Rohrleitung** miteinander verbunden werden. Dazu gehört noch eine ausreichend dimensionierte **Tauchmotorpumpe,** die das Wasser mit dem nötigen Druck nach oben pumpt. Damit ist dann ist der Kreislauf geschlossen. Dieses Grundprinzip (s. Skizze S. 71) gilt immer, wenn Sie einen Teich mit Bachlauf anlegen möchten.

1 Da für eine solche Anlage meist größere **Erdbewegungen** nötig sind, ist der Einsatz von Kleinbagger (für den Aushub) und „Minitrac" für die Erdbewegungen sinnvoll. Das spart kraftraubende Zeit. Wenn Ihr Grundstück - wie hier im Beispiel - bereits am Hang liegt, sparen Sie sich aufwendige **Hangmodellierung.**

2 Ist die künftige Anlage mit Bachlauf und Teichbecken im Prinzip ausgehoben, geht es an die **Vermessung** - damit das Wasser später auch das richtige Gefälle zum Fließen vorfindet. Bei größeren Anlagen ist eine genaue Vermessung mit einem **Höhennivelliergerät** anzuraten. Bei kleineren Bachläufen oder im bereits schrägen Gelände reicht es meist aus, wenn Sie mit **Wasserwaage** und **Schnurgerüst** die Lage der kleinen Wasserfälle festlegen.

PROFITIP

Höhenunterschiede im Gelände können Sie ganz einfach mit Hilfe eines Pflockes, einer langen Latte und einer Wasserwaage feststellen. Setzen Sie einen Nullpunkt fest, z.B. an der Terrasse. Von dort überziehen Sie Ihr Gelände mit Meßpunkten, die Sie dann in den Lageplan eintragen.

3, 4 Wenn Sie wissen, was wohin kommt, werden die großen **Steine** antransportiert, die die Teich- und Bachlandschaft charakterisieren. Diese Steine, manchmal sind es fast schon Felsbrocken, gibt es im Garten- bzw. Baustofffachhandel. Sie werden per LKW angeliefert und gleich mit dem Verladekran an die richtige Stelle plaziert. Genau planen, denn ein Verrücken ist nicht mehr möglich!

3

4

5

6

5 Ist das Gelände dann im „Rohbau“ fertig modelliert, wird die Folie für Bachlauf und Teichbecken ausgebreitet (s. Arbeitsanleitung, S. 58). Zuvor müssen Sie allerdings mühevoll alle **spitzen Gegenstände**, scharfkantige **Steine** etc. sorgfältig entfernen. Besser noch: Legen Sie ein **Schutzvlies** unter die Folie. Auf keinen Fall dürfen Sie in diesem Baustadium vergessen, den Pumpschlauch zu verlegen. Der sollte aus gutem Material sein, denn er hat tagtäglich eine riesge Menge Wasser zu transportieren. Im Winter ist der Schlauch (nur Prädikatsware mit „Qualitätsstufe 1“ verwenden), auch noch dem Frost ausgesetzt. Als **Faustregel** gilt: den Schlauch etwa 25 cm tief in die Erde legen. Und: Merken Sie sich, wo der Schlauch liegt, damit er bei Schäden gefunden und repariert werden kann.

6 Wenn dann die Begrenzungsmauer steht, können Sie daran gehen, die einzelnen Staustufen und die Steine für den Wasserfall einzubauen. Diese Steine müssen absolut waagrecht ausgerichtet werden, damit das Wasser später auch in die Richtung fließt, die Sie möchten. Achten Sie schon bei der Bestellung auf die richtige Form.

7 Die einzelnen **Stausegmente** sollten Sie jeweils mit **Folie** abdichten. Damit das Wasser auch in die gewünschte Richtung weiterfließt, können Sie es mit Steinen (s. Abb. rechts), aber auch mit Hölzern etc. auf den rechten Weg bringen, also Hindernisse bauen, um den Wasserfluß umzulenken. Dadurch läßt sich auch die Fließgeschwindigkeit variieren.

ÖKOTIP
Durch die Bewegung beim Wasserfall reichert sich das Wasser mit Sauerstoff an. Das kommt der Qualität zugute. Sie sparen sich also eine aufwendige Wasseraufbereitungsanlage.

8 **Probelauf** und **Bepflanzung.** Wenn Sie alles dahin gestellt haben, wo es auch später sein soll, also **Pflanzkörbe, Steine,** usw., sollten Sie „Richtfest" feiern, mit einem **Probelauf.** Dann sehen Sie, ob auch alles in geordneten Bahnen verläuft und sich das Wasser nirgends staut. Die Folie erst danach am Rand befestigen. So können Sie den **Wasserfluß** leichter korrigieren. Jetzt kommen die **Pflanzen** an die Reihe (s. S. 14). Nicht zu dicht setzen, denn sonst müssen Sie schon bald auslichten.

7

8

Attraktion: Der Wasserfall

Mini-Wasserfall: Beruhigendes Plätschern und sanftes Rauschen

Es muß ja nicht gleich Klein-Niagara sein, aber ein kleiner Wasserfall, der sich gut in einen Bachlauf integrieren läßt, ist mehr als nur ein **optischer Blickfang**. Der Wasserfall bringt das Wasser zum Plätschern. Und er reichert durch die Bewegung das Wasser mit wichtigem **Sauerstoff** an.

Den Wasserfall können Sie mit fertigen **Bachschalen** aus Kunststoff (s. Arbeitsanleitung, S. 70) gestalten - oder aber mit **Natursteinen.** Wichtig dabei: Die Kanten, über die das Wasser fließt, müssen absolut waagrecht sein, also mit Wasserwaage und Richtschnur austariert werden. Spezielle Bach- bzw. Treppenschalen müssen Sie nicht zusätzlich mit Folie abdichten.

Beachten Sie: Wasserfall und Seerosen vertragen sich nicht!

PROFITIP

Vor der Planung eines Bachlaufs mit Wasserfall gehen Sie am besten erst mal hinaus in die Natur. Nehmen Sie den „echten“ Bach zum Vorbild: wie er sich seinen Weg sucht, wie die Steine im Bachbett liegen, wie das Wasser über kleine Stufen plätschert, wie er seine Geschwindigkeit verändert.

Von kleinen und großen Fällen

Von Ampère bis Zoll

Ampère (A)
Die Maßeinheit der Stromstärke (Symbol A) ist nach dem französischen Physiker und Mathematiker André Marie Ampère (1775 - 1836) benannt. Als Stromstärke wird die Menge der elektrischen Ladungen bezeichnet, die je Zeiteinheit durch den Querschnitt eines Leiters fließt. Rechnerisch ergibt sich die Stromstärke aus dem Verhältnis von Spannung zu Widerstand (Ohmsches Gesetz). Eine 100-Watt-Glühlampe hat etwa 0,5 A bei 220 V. Auf Schmelzsicherungen ist stets angegeben, für welche Stromstärke sie geeignet ist.

Auch solche hübschen Fontänen verlangen technisches Know-how

Bar
Maßeinheit für Druck allgemein (1 bar entspricht 10 m.W.S. = Meter Wassersäule).

Betriebspunkt
Der Betriebspunkt einer Pumpe, zum Beispiel mit einem Fontänenaufsatz, ist der Punkt auf der Pumpenkennlinie, wo sich die tatsächliche Förderhöhe (H) und Fördermenge (Q) einpendeln.

Candela = Cd
Einheit für Lichtstärke. Die Lichtstärke ist der auf einen bestimmten Raumwinkel bezogene Lichtstrom.

Drehstrom
Der Drehstrom ist im allgemeinen Sprachgebrauch die übliche Bezeichnung für Drei-Phasen-Strom. In den meisten europäischen Ländern beträgt der Drehstrom 3 mal 380 V. Elektrische Gebrauchsgeräte mit hohem Anschlußwert, wie zum Beispiel Elektromotoren, Durchlauferhitzer und Elektroherde, werden an allen drei Phasen des Stromnetzes angeschlossen.

Dichtungsarten
Es gibt zwei verschiedene Dichtungsarten: die dynamische und die statische. Die Dynamische ist beweglich und sich bewegend. Sie wird zum Abdichten von sich drehenden Wellen eingesetzt. Die Statische ist unbeweglich. Sie dient als Abdichtung zwischen ruhenden Flächen.

Drehzahl
Sie gibt die Anzahl der Umdrehungen eines rotierenden Körpers, bezogen auf eine bestimmte Zeiteinheit an. Sie wird in U/min = min -1 angegeben.

Duroplaste
Kunststoffe, bei denen die einzelnen Makromoleküle nicht unverbunden nebeneinander liegen,

sondern wie ein räumliches Netzwerk miteinander verbunden sind. Duroplaste lassen sich, wenn sie einmal ausgehärtet sind, nicht mehr umformen.

Edelstahl-Rostfrei
Hohe Beständigkeit gegen aggressive Medien. Verantwortlich für die Rost- und Säurebeständigkeit ist das Element Chrom (mindestens 12 Prozent).

Fehlerstrom
Teil des Stroms, der nicht auf dem vorgesehenen Weg durch die Leitung, sondern über das Erdreich zum Stromerzeuger zurückfließt. Z.B. bei Isolationsfehlern oder wenn eine Person direkt ein unter Spannung stehendes Teil berührt.

FI-Schutzschalter
Das Risiko eines elektrischen Schlages wird durch den Fehlerstrom-Schutzschalter (= FI-Schutzschalter) vermindert. Er mißt die Differenz zwischen dem zu- und dem abfließenden Strom. Er schaltet einen defekten Stromkreis binnen Sekunden ab. Ein FI-Schutzschalter reagiert bei geringen Fehlerströmen von zum Beispiel 30 mA.
Bei Springbrunnenpumpen sollte der Nennfehlerstrom 30 mA nicht

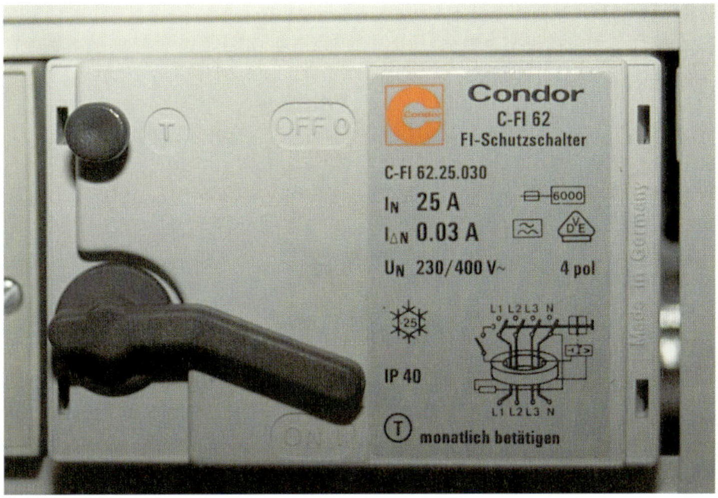

Ein Fehlerstromschutzschalter gehört unbedingt in jedes Stromnetz

überschreiten. Das „F“ steht für Fehler, das „I“ für Strom. FI-Schutzeinrichtungen erhöhen die Sicherheit stark. Sie sind aber keine Lebensversicherung. **Vorsicht im Umgang mit der Elektrizität bleibt daher geboten.**

Frequenz
Die Frequenz gibt die Anzahl der elektrischen Schwingungen eines Wechselstromes, auch Drehstromes, pro Sekunde an. Die Angaben auf dem Typenschild von Pumpen beziehen sich in der Regel auf die Frequenz der jeweiligen Wechselstromversorgungsquelle (50 bzw. 60 Hz).

Förderhöhe (H)
Förderhöhe allgemein. Gemessen in Meter, Wassersäule oder bar = 10mWS.

Fördermenge Q
Fördermenge allgemein. Gemessen in L/sek., L/min. oder Kubikmeter/h.

GFK
Diese Abkürzung steht für glasfaserverstärkte Kunststoffe, die sich

insbesondere durch hohe Festigkeit, Wärmeformbeständigkeit und geringes Gewicht auszeichnen.

Gleichgewicht, biologisches
Ein gesunder, ausgeglichener und weitgehend stabiler Zustand eines ökologischen Systems, z. B. ein Gartenteich, mit artgerechten Lebensmöglicheiten für alle Lebensformen und mit einem intakten Nährstoffkreislauf, wird als „biologisches Gleichgewicht“ bezeichnet.

Gleichstrom
Der Gleichstrom ist elektrischer Strom, der - anders als Wechselstrom - stets in einer Richtung fließt. Solarmodule liefern Gleichstrom.

Kabelbezeichnungen
Nach VDE 0281/9282, z.B. HO7 RNF3 G x 1,5 Gummischlauchleitung für Unterwasserbetrieb.

Korrosion
Zerstörung von Metallen durch chemische oder elektrochemische Reaktionen.

Kunststoffe
siehe Duroplaste, Thermoplaste

Lichte Weite (LW)
Innendurchmesser (z.B. Schlauch).

Leistungsaufnahme
Die Leistungsaufnahme ist die Leistung, die ein Elektrogerät dem öffentlichen Haushalts-Versorgungsnetz entnimmt und die auch vom Stromzähler registriert wird. Die Einheit ist das Watt = W.

L/sek.
Abkürzung für Liter pro Sekunde.

Lumen
Maßeinheit des Lichtstroms (Lichtstrom = Lichtstärke x Raumwinkel).

Kubikmeter/h
Abkürzung für 1 Kubikmeter pro Stunde.

Muffe
Als Muffe bezeichnet man ein kleines Rohrstück (mit oder ohne Gewinde) zum Ver- oder Anbinden von Rohren.

mWS
Darunter versteht man die Förderhöhe in Meter Wassersäule. 1 mWS entspricht 0,1 bar.

Nennfehlerstrom
Der Nennfehlerstrom ist der unter der Toleranzschwelle liegende Teil des Fehlerstrom-Schutzschalters. Er wird in mA gemessen.

Nennspannung
Die Nennspannung gibt den Sollwert der Netzspannung an, d.h. die Spannung im öffentlichen Haushalts-Versorgungsnetz. In den meisten europäischen Ländern beträgt die Netzspannung 220V/50 Hz. Elektrogeräte müssen der Nennspannung entsprechen.

Nennstrom
Der Nennstrom wird in Ampère (A) gemessen und gibt bei Pumpen die mittlere Stromaufnahme des Motors an.

NW
Abkürzung für Nennweite. Siehe auch DN.

Oxidkeramik
Spezialwerkstoff aus Aluminiumoxid, Titanoxid und Zirkonoxid. Er zeichnet sich durch nahezu diamantartige Härte aus. Er wird bevorzugt eingesetzt, wenn hohe Anforderungen an die Beständigkeit gegen Verschleiß und gegen chemische Angriffe gleichzeitig zu erfüllen sind.

Polyamid
Polyamid gehört zu den Thermoplasten. Kennzeichnend ist die hohe mechanische Festigkeit, beson-

ders die Zähigkeit, die Verschleiß- und Ermüdungsfestigkeit. Von allen thermo-plastischen Kunststoffen ist Polyamid am besten mit Glasfasern (GFW) verstärkbar. Das führt zu einem hohen Grad an Steife, Maßhaltigkeit und Temperaturbeständigkeit.

Polyäthylen
Polyäthylen ist ein Thermoplast mit teilkristalliner Struktur. Außergewöhnlich gute Beständigkeit gegen verschiedenste Chemikalien.

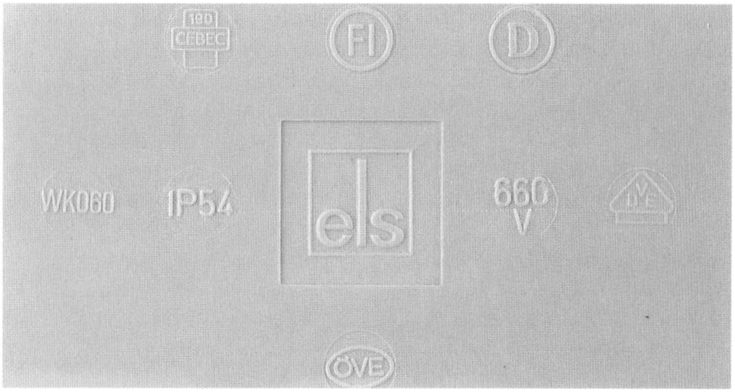

Die Prüfzeichen sind Garant für Sicherheit

Polyester
Polyester ist ein vielseitiger Kunststoff. Meist werden Polyesterharze mit Glasfasern verstärkt (GFK), wobei der Glasfasergehalt in der Regel zwischen 25 und 65 Gewichtsprozenten liegt. Bei hohem Glasfaseranteil wird die Festigkeit von Metallen erreicht. Neben hoher Steifigkeit sind als kennzeichnende Eigenschaften von glasfaserverstärktem Polyester vor allem Chemikalien- und Wärmeformbeständigkeit, Kratzfestigkeit und Oberflächenhärte zu nennen.

Polystyrol
Polystyrol ist ein thermoplastischer Kunststoff. Durch die Einbettung feinster Kautschukteilchen wird schlagfestes Polystyrol erzeugt, das sich besonders für mechanisch beanspruchte Teile eignet. Das Material ist beständig gegen die meisten Säuren und Laugen. Darüberhinaus ist es ein ausgezeichneter Isolierstoff.

Pumpenkennlinie
Die Pumpenkennlinie wird auch Leistungsdiagramm genannt. Sie zeigt das Verhältnis von Fördermenge (Q) zur Fördermenge (H) einer Pumpe an.

Prüfzeichen
Das Prüfzeichen GS, geprüfte Sicherheit, bescheinigt, daß das Gerät von einer Prüfstelle wie z.B. VDE (Verein Deutscher Elektrotechniker), TÜV (Technischer Überwachungsdienst) usw. geprüft wurde, ob es dem derzeitigen Sicherheitsstandard entspricht, wie er in DIN-Normen, VDE-Bestimmungen, Arbeitsschutz- und Unfallverhütungsvorschriften fixiert ist.

PVC = Polyvenylchlorid
PVC ist ein thermoplastischer Kunststoff. Er ist besonders vielseitig, da er in den verschiedensten Einstellungen von hart bis weichgummiartig hergestellt werden kann.

Spaltrohrmotor
Der Naßläufer-Spaltrohrmotor ist ein im Pumpenbereich eingesetzter Elektromotor. Ein Spaltrohr

trennt den elektrischen Teil von den rotierenden Teilen des Motors und der Pumpe. Es macht damit eine verschleißgefährdete, dynamische Abdichtung überflüssig. Wartungsfrei mit hoher Lebensdauer.

Schwebstoffe
Die Schwebstoffe im Wasser bestehen teils aus organischen, teils aus anorganischen Stoffen. Sie werden unterschieden nach absiebbaren, absetzbaren und nicht absetzbaren Schwebstoffen.

Spannung
Die elektrische Spannung ist die treibende Kraft des elektrischen Stroms. Die Maßeinheit dafür ist das Volt. Eine Spannung besteht zwischen zwei Körpern die entgegengesetzte Ladungsmengen tragen. Wenn diese Körper durch einen Leiter miteinander verbunden werden, fließt elektrischer Strom. Die Energie, die den Strom treibt, ist gleich der Arbeit, die gebraucht wurde, um die Ladungen auf die Körper zu bringen. Diese Energie wird durch den Strom zum Verbraucher übertragen.

Solarstrom
Strom aus Sonnenlicht erzeugen Solarzellen als Halbleiterkristalle, meistens Silizium, nachdem photovoltaischen Prinzip. Mehrere Zellen werden durch Verkettung zu leistungsfähigen Modulen (Solargeneratoren) zusammengefaßt. Sie erzeugen Gleichstrom.

Thermoplaste
Thermoplaste sind Kunststoffe, die durch Wärme weich und nach dem Abkühlen wieder hart werden.

Transformator
Mit einem Transformator lassen sich elektrische Spannungen ändern, z.B. von 220 V/50 Hz Netzspannung auf 224 V/50 Hz oder 12 V / 50 Hz Schutzkleinspannung.

VA
VA ist das Produkt aus Spannung (V) und Strom (A).

VDE
Abkürzung für Verband Deutscher Elektrotechniker.

Volt (V)
Die Maßeinheit der elektrischen Spannung, Symbol V, ist benannt nach dem italienischen Naturforscher und Physiker Alessandro Volta (1745 - 1827). In Haushalt und Gewerbe sind 220 V beziehungsweise 380 V üblich.

Watt (W)
Die Maßeinheit der Leistung, Symbol W, ist benannt nach dem britischen Meßinstrumentenbauer James Watt (1736 bis 1819). Die elektrische Leistung - Spannung x Stromstärke (Volt x Ampère) - wird in Watt angegeben. Für hohe Leistungen werden die Bezeichnungen Kilowatt (kW) verwendet.

Wechselstrom
Beim Wechselstrom werden Plus- und Minus-Pol fortwährend vertauscht. Dies geschieht z.B. in unserem Stromnetz 50 mal pro Sekunde (50 Hz).

2-Phasen-Motorlauf
Fällt während des Betriebes eines Drehstrommotors eine der drei Phasen aus, so überbrückt der Motorläufer die fehlende Antriebsphase durch Schwingungen. Er bringt aber fast die gleiche Leistung wie im 3-Phasen-Betrieb. Die beiden noch in Betrieb befindlichen Stator-Wicklungen weisen einen höheren als den Nennstrom auf. Dies führt zur Übertemperatur und damit zu ihrer Zerstörung.

Zoll
Englisches Längenmaß, entspricht etwa 2,54 cm.

Wo finde ich was?

Abbildungsverzeichnis

Die nachstehend aufgeführten Personen und Firmen haben Bildmaterial bzw. Illustrationen zur Verfügung gestellt. Da sie damit zur Gestaltung dieses Buches beigetragen haben, möchten wir ihnen für die freundliche Unterstützung herzlich danken.

Aguaplan Held GmbH
Postfach 24
75046 Gemmingen
Tel. (07267) 3 66

Berghald Gartendesign
Großhaderner Straße 1
81375 München
(089) 740 93 03

Black & Decker
Black & Decker-Straße 40
65510 Idstein
Tel. (06 12) 69 21-0

Deutscher Holzschutz-Verband
Moselufer 32
56073 Koblenz
Tel. (0261) 4 20 26

Eschbach Gartenausstattung
Reiserstraße 6
53773 Hennel/Sieg
Tel. (0 22 42) 30 95

Heissner GmbH
Schlitzer Str. 24
36341 Lauterbach
Tel. (0 66 41) 86-0

LaquaTec' GmbH & Co.
Postfach 15 03 69
67028 Ludwigshafen
Tel. (06 21) 57 40 46-48

Robert Bosch GmbH
Postfach 10 60 50
70049 Stuttgart
Tel. (07 11) 8 11-0

Oase Pumpen
Postfach 20 69
48469 Hörstel
Tel. (054 54) 80-0

OSMO - Ostermann & Scheiwe
Hafenweg 31
48155 Münster
Tel. (02 51) 6 92-0

Werth-Holz GmbH + Co.KG
Therecker Weg 11
57413 Finnentrop-Rönkhausen
Tel. (023 95) 1 89 - 0

Fotos:
Aguaplan: S. 39 (2), 40 (2)
Arge Holz: S. 53
avw werbeagentur/Eheim: S. 26
Berghald Gartenbau: S. 38 (2), 55, 62, 63 (2), 83, 84 (2), 85, 86 (2), 87 (2)
Black & Decker: S. 49 (5)
Robert Bosch: S. 49
Eschbach: S. 37, 38 (2)
Müller, Titus/edition VASCO: S. 18, 26 (3), 27, 30 (2), 31 (2) 42, 44 (2), 50 (2), 73 (2) 93
Oase Pumpen: S. 31, 41, 45, 72, 88, 89, 90
Osmo: S. 37
Heissner/Praxis press: S. 7, 55, 89
Redeleit, Wolfgang: S. 12, 13, 14, 15 (2), 16, 17 (2), 19, 20 (2),21 (2), 22, 23 (2), 24 (2), 25, 29 (2) 34 (3), 42, 43, 48, 54 (4), 55(2), 58, 59, 60 (2), 61 (2), 62 (2), 63 (5), 64 (2), 65 (2), 66 - 70 (8), 78, 79, 80 (2), 81 (2), 82 (2), 89 (2)
Seitz, Wolfgang/edition VASCO: S. 22 (4), 23, 28 (4), 29, 51, 55, 85, 91
Stange, Petra/Jahreszeiten Verlag: S. 75, 77
Werth-Holz: S. 43
Willhöft, Frank/Jahreszeiten Verlag: S. 77 (7)

Illustrationen:
Arge Holz: S. 56
avw werbeagentur/Eheim: S. 32 (4), 33 (4)
Oase: S. 71, 74
Pape, Jochen/Jahreszeiten Verlag: S. 76
Werth-Holz: S. 52 (4)